Dieter Adam *Das waren Adam und die Micky's*

Der Autor

Dieter Adam, Baujahr 1941, war bis zur seiner Kehlkopf-OP im Jahre 2014 ein bekannter hessischer  Musiker, der mit seiner Gruppe "Adam und die Micky's" zahlreiche Schallplatten und CDs bespielt und besungen und mit seinem Lied "Die Runkelroiweroppmaschin" eine Art heimliche hessische Nationalhymne *(im volkstümlichen Bereich)* geschaffen hat.

Mit der Schriftstellerei begann er 1974, als er für das Frankfurter Volkstheater von Mama Hesselbach Liesel Christ das hessische Volksstück mit Musik *"Das Herz von Frankfurt"* schrieb. Danach über 100 Heftromane, Karnevalsbücher, Kurzgeschichten und etliche Ein- und Mehrakter für die Laienbühne, die aber auch von Profibühnen wie Peter Steiners Theaterstadl gespielt wurden und heute noch im Heimatkanal von Sky laufen.

Nachdem er mangels Stimme nicht mehr auf die Bühne kann, arbeitet Dieter Adam alte Manuskripte auf und veröffentlicht sie als *"books on demand"* in eigener Regie.

Auch die Musik hat er noch nicht ganz abgeschrieben: So produzierte er 2016 eine CD mit neuen und alten Adam-Liedern, indem er selbst die Playbacks aufnahm und Freunde singen ließ. 2017 folgte in ähnlicher Weise "Weihnachten im Hessenland."

Für das 50er Jubiläum ist außer diesem Buch eine Doppel-CD *"50 Jahre - 50 Lieder - 50 Sänger/-innen"* geplant.

Dieter Adam

Das waren
ADAM
und die Micky's

Eine Biografie der hessischen Kultband
mit vielen Bildern

FSC
www.fsc.org
MIX
Papier aus ver-
antwortungsvollen
Quellen
Paper from
responsible sources
FSC® C105338

www.musikadam.de + info@musikadam.de

Herstellung und Verlag: BoD - Books on Demand
Norderstedt

ISBN-Nr. 9 783748139003

DIE VORGESCHICHTE

Anfang der 60er Jahre spielte ich beim Tanzorchester *"DAIANA"* *(die schrieben sich tatsächlich so)* Klavier und beglückte den Ostkreis Offenbach mit Tanzmusik. Wie ich zu denen gekommen bin, habe ich an anderer Stelle geschrieben und gehört nicht in die Biografie von *Adam u. d. Micky's.*

Das Tanzorchester "DAIANA

Ich betone das mit dem *Ostkreis* deshalb ausdrücklich, weil die verschiedenen Kapellen oder neudeutsch Bands, die es zu dieser Zeit gab, ihre gewissen Gebiete hatten, wo sie überwiegend tätig waren. Abgesprochen war das nicht, aber es hatte sich halt so ergeben.

Das Einzugsgebiet für die *DAIANA* war eben hauptsächlich der Osten des Kreises Offenbach, zu dem Orte wie Seligenstadt, Klein Welzheim, Froschhausen, Mainflingen, Zellhausen bis hin nach Klein Auheim gehörten. Für die daran angrenzenden Gebiete waren dann die *AMOR*, die *MICKY´S*, die *UNISONO* oder die *REGINA* zuständig. Wobei nicht ganz auszuschließen war, dass eine Band auch mal im Gebiet einer anderen auftrat, wo sie es dann allerdings nicht ganz leicht hatte, die Anhänger der eigentlich hier zuständigen Kapelle von ihrer Musik zu überzeugen. Es kam dann auch mal zu Schlägereien zwischen den Fans der verschiedenen Bands. Obwohl: Schlägereien gab es hin und wieder auch zwischen Anhängern derselben Band. *Hauptsach dewidder un druff!* Besonders, wenn das letzte Bier den ohnehin nur spärlich vorhandenen Verstand endgültig umnebelt hatte!

Während die *AMOR* vom Programm her damals fast das gleiche Repertoire wie die *DAIANA* bot, hörte man von der *UNISONO* und den *MICKY´S*, dass die vom Sound her wesentlich moderner wären als wir. Die würden mit Gitarren, Bassgitarre und vor allen Dingen mit Gesangsverstärkern und

Echoanlage arbeiten und damit die Jugend begeistern. Also beschloss man bei der *DAIANA,* in dieser Hinsicht auch etwas zu unternehmen.

mit Volker Hardt

Ich hatte neben der *DAIANA* in Hanau immer noch eine andere kleine Band gehabt, die sich *The Dynamiters* nannte. Wir spielten nicht oft, aber wenn, dann so eine Art Rock´n´Roll bei Veranstaltungen der katholischen Jugend umliegender Ortschaften wie Großauheim und Steinheim, bei verschiedenen Ruderclubs und was weiß ich, wo noch. Neuerdings gehörte jetzt auch mein Freund Otto Disser, der Schlagzeuger der *DAIANA,* dazu sowie ein junger Gitarrist namens Gerd Essich, der sogar schon einen eigenen Ver-stärker für sein Instrument hatte, eigentlich noch viel zu jung für öffentliche Tanzveranstaltungen war und immer von seinem Vater gebracht und wieder abgeholt werden musste.

The Dynamiters

mit - von links -

Dieter Adam, Jürgen Houy, Gerd Essich, Otto Disser

*(damals kam ich noch run-
ter und auch wieder rauf.
Heute käme ich zwar auch
noch runter, aber nie wieder
rauf)*

Come on, let´s Twist again...

Diesen Gitarristen holten wir nun auch zur *DAIANA,* damit diese moderner wurde. Unser Posaunist Egon lernte zusätzlich noch den Elektrobass zupfen *(zumindest versuchte er es),* und außerdem kaufte man eine neue Gesangsanlage mit Lautsprechern und Echo-Hallgerät von Dynacord. Von da an fuhr die *DAIANA* dann praktisch zweigleisig: Zum einen spielte man nach wie vor die alten Bigband-Arrangements, zum anderen in kleiner Besetzung die modernen Sachen, bei denen beim Rock´n´Roll auch noch das Tenorsaxophon von Roland meisterlich heiser getrötet, eingriff. Die übrigen bedienten derweil unterschiedliche Rassel- und Schüttelgeräte. Der *UNISONO* oder den *MICKY´S* ebenbürtig wurde die *DAIANA* dadurch aber nie. Zumindest in dieser Anfangszeit nicht. Später, als ich längst nicht mehr dabei war, sollen sie besser geworden sein. Persönlich gehört habe ich sie dann allerdings nie.

Im Spätsommer 1963 erzählte mir mein Freund Horst Schlett, ein Musiker aus Zellhausen, dass die *MICKY´S* dringend einen neuen Pianisten suchten und - so hätte man ihm gesagt - an mir interessiert wären. Das hörte sich verdammt gut an, weil die *MICKY´S,* wie ich schon angedeutet habe, damals so ziemlich die gefragteste Band der ganzen Region war. Man hörte von Gagen, die sie bekamen, von denen die anderen Kapellen nur träumen konnten. *(War letztlich aber gar nicht sooo viel! Mehr als bei DAIANA allerdings schon!))*

Nun bin ich aber kein Mensch, der anderen Menschen, denen er sich verpflichtet fühlt, Hals über Kopf vor den Koffer scheißt und sie Knall auf Fall in Stich lässt. Mein dies betreffendes Problem war mein Engagement bei der *DAIANA.* Trotzdem muss ich mich irgendwie hinterfotzig benommen und meinen Rausschmiss praktisch provoziert haben, weil mich am 18. November 1963 ein von Lothar Seebacher geschriebener Brief meiner Kapelle erreichte. Ich gebe ihn mit allen Fehlern wieder:

"Das verärgerliche Verhalten von Herrn Dieter Adam kann

ich gut verstehen wenn mann aus einer Kapelle ausscheidet, zumal man auch noch hinausgeschmissen wird. Obwohl die Streitigkeiten vom Samstag den 16.11.63 des Herrn Dieter Adam mit der Kapelle Daiana von unserem Musikkollegen Horst Krammig ausgingen, so kann jedoch auch ich nicht befürworten, dass man einen Mann länger in der Kapelle hält, der nicht für, sondern gegen den Zusammenhalt und das Bestehen der Kapelle arbeitet. Gründe hierfür liegen genügend vor. (z.B. das Fehlen bei Veranstaltungen, sowie bei Proben u.s.w.) . . .

. . . Ein gedultiges Publikum wäre sicher Herrn D. Adam zu wünschen, wenn er das Glück haben sollte, in einer anderen Kapelle einzusteigen. Einen gleichwertigen Ersatzmann für Herrn A.D. haben wir jedenfalls schon gefunden. . ."

Das war also das Ende meiner Karriere bei der Kapelle *DAIANA* und der Start einer neuen bei den *MICKY'S*, die zu dieser Zeit die Jugend in Scharen in die Bürgerhäuser und Turnhallen lockten. Jetzt wurde nicht mehr nach gedruckten Noten gespielt, sondern nach selbst von Schallplatten abgehörten Harmonien und möglichst nah am Original.

Die Micky's
(ich ausnahmsweise mit Posaune)

11

Auch die Besetzung war ganz anders als bei *DAIANA:* 2 Gitarren, 1 Bass, 2 Saxophone, Klavier und Schlagzeug. Alle konnten singen und taten das auch bei den entsprechenden Liedern einzeln oder mehrstimmig oder als Chor zum Gesang eines Solisten. Es machte einfach Spaß, mit den *MICKY´S* zu musizieren, und es waren auch alle recht patente Jungs, mit denen man gut auskommen konnte.

die MICKY'S in Aktion

v links: Karlheinz Neckermann, Max Tögel, Heinz Wade, Adolf Kühn

Was nicht so viel Spaß machte, waren gewisse Fans unserer Band, die man *die Bieberer* nannte, obwohl nicht alle aus dem Offenbacher Stadtteil Bieber stammten. Mein späterer Schwager Karlheinz gehörte auch dazu - und der kam aus Jügesheim.

Diese *Bieberer* provozierten, egal, wo wir spielten, grundsätzlich Streit mit anderen Anwesenden, und dann rummste es gewaltig. Ich denke sogar, dass sie nicht unerheblich daran schuld waren, dass es mit den *MICKY´S* irgendwann in nicht so ferner Zukunft zu Ende ging. Auch wenn da noch ganz andere Gründe eine entscheidende Rolle spielten.

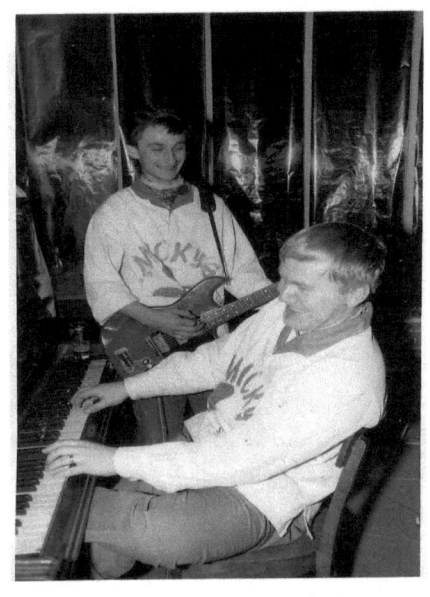

am Klavier - mit Max Tögel an der Begleit-gitarre

Ganz schlimm war es mal in Seligenstadt, wo wir zum ersten Mal für den *Riesen-Saal* engagiert waren, der sonst gar nicht zum Ein-zugsgebiet der *MICKY´S* gehörte. Deren Einzugsge-biet war mehr in Richtung Hausen, Obertshausen, OF-Bieber, Dietzenbach u.s.w. Jetzt aber halt auch mal der *Riesen.* Und unsere streitsüchtigen Fans waren natürlich auch da. Und machten ihrem Namen alle Ehre. Ich weiß nicht mehr, wie lange es dauerte, bis der *Riesen-Saal* zum Schlachtfeld wurde. Der Riesen-Wirt, der schlichten wollte, mittendrin. Dem zogen sie einen Stuhl über den Kopf, so dass er blutüber-strömt ins Krankenhaus gebracht werden musste. Die Polizei löste bald darauf die Veranstaltung auf. Wir wurden nie mehr in Seligenstadt engagiert.

Eine gewisse Genugtuung bereitete es mir einmal in Niederroden bei den *Alten Herren* der SG Niederroden *(Anm.: ein Niederröder Fußballverein)* Das war so ziemlich zum Ende der *MICKY´S* hin, die hier schon öfters gespielt hatten. Na-türlich wussten die *Alten Herren*, was zu erwarten war, wenn

13

wir hier auftraten. Und sie hatten Vorsorge getroffen:

Als unsere *Freunde* ihre übliche Schlägerei begannen, ertönte ein Pfiff, und dann strömten aus allen Ecken alte und junge Fußballer herbei und vermöbelten unsere Fans gemäß dem Motto *vereint sind wir stark* nach Strich und Faden. Diesmal mussten einige von denen ins Krankenhaus. Für den Rest des Abends war anschließend Ruhe. Es wurde jetzt doch noch eine sehr friedliche, stimmungsvolle Veranstaltung.

Nach sehr viel Zuspruch zahlender Besucher in den Anfangsmonaten meiner Tätigkeit als Pianist der *MICKY'S* ließ der ab 1965 merklich nach. Schuld daran waren wohl, wie ich schon erzählte, zum einen unsere schlagfreudigen Fans, zum anderen und sicher größeren Anteil eine neue Band, die sich *REGINES* nannte. Sie war nach einem Streit aus der früheren Kapelle *REGINA* hervorgegangen, aus der dadurch zwei Gruppen wurden: Die frühere Band, die jetzt *REGINA SIX* firmierte und die *REGINES,* die noch einen Tick moderner als alle anderen war und die zugkräftigere wurde. Dorthin wanderten die jungen Damen ab, sodass der Prozentsatz männlicher Besucher bei unseren Gigs immer größer, der der weiblichen immer spärlicher wurde. Bis die Herren das merkten und ebenfalls zu den *REGINES* überliefen.

Was noch ein Argument der jungen Damen gegen die *MICKY'S* gewesen sein mag war, dass die inzwischen alle verheiratet waren. Wenig Chancen also, sich einen zu angeln.

Am Rosenmontag des Jahres 1966 traten die *MICKY'S* in Niederroden zu ihrem letzten Gefecht an. Sinnigerweise hatte der Veranstalter an diesem Abend die *REGINES* als zweite Band engagiert. Es kam zum Wettstreit nach Noten. Beide Gruppen gaben ihr Bestes, um die andere musikalisch auszustechen. Ich will jetzt nicht auf den Putz hauen, weil ich ja zu den *MICKY'S* gehörte, muss aber mit leicht stolzgeschwellter Brust konstatieren, dass wir an diesem Abend mit hauchdünnem Vorsprung die Sieger wurden. Als wir unser letztes Lied spielten, gab es - auch von den Damen, die uns untreu geworden waren - viele Tränen.

Bevor die *großen MICKY´S* sich auflösten, hatten Otto Disser, der inzwischen auch von der *DAIANA* zu uns übergewechselt war, unser Bassist Karlheinz Neckermann und ich hin und wieder als Trio bei verschiedenen Veranstaltungen gespielt. Wir beschlossen, das künftig so fortzuführen. Wir nannten uns *MICKY-TRIO* und waren bald in verschiedenen Tanzcafés, aber auch bei Einzelveranstaltungen eine gefragte Band.

Das Micky-Trio

(von links) Dieter Adam, Karlheinz Neckermann
Otto Disser

1967 nahmen wir sogar unsere erste Schallplatte im Tonstudio Walldorf auf. Sie wurde vom Angelclub Darmstadt-Eberstadt finanziert, dem ich die beiden Lieder *Mit Petri Heil und guter Laune* und *Ein Angler hat die Ruhe weg* anlässlich ihres Fischerfestes, für das wir engagiert waren, gewidmet hatte. 5.000 Platten hatten sie pressen lassen und verkauft. Vielleicht waren es auch nur 500. Und aus dem versprochenen Auftritt bei Otto Höpfner wurde auch nix.

Die erste Schallplatte

Die  schrieb dazu am 9. Dezember 1967 zu dem folgenden Angelbild:

Erfolgreich "geangelt"

Ein dreifaches "Petri Heil" schallt einem entgegen, wenn man abends dem Café Werner in Niederroden (Kreis Offenbach) einen Besuch abstattet. Und gleich darauf ertönt der Anglergruß noch einmal - musikalisch untermalt - aus der

Musikbox. Im Stammlokal des Anglerclubs 66 Darnstadt-Eberstadt schätzt man nämlich nicht nur Anglerlatein und dicke Forellen, sondern auch zünftige Stimmungsmusik. Diese Liebe zur leichten Muse reicht so weit, dass die angelnden Herren sogar unter die Plattenproduzenten gingen. Selbstverständlich kam nur eine Angler-Platte in Frage.

Beim Fischerfest in Darmstadt-Eberstadt, wo der Club auch seine Teiche hat, fing es an. Das "Micky-Trio" hob einen "Anglermarsch" aus der Taufe. Dieses zündende Stück - betitelt "Mit Petri Heil und guter Laune", komponiert und getextet von Band-Chef Dieter Adam (26) aus Hanau - schlug gewaltig ein.

17

Schnell verfasste man noch den Schunkelwalzer "Ja, ein Ang-
ler hat die Ruhe weg", und schon wanderte die musikalische
Angelei ins Studio Walldorf zur Aufnahme.

Inzwischen wurden bereits 4500 Exemplare verkauft. Angler-
vereine nah und fern - sogar der Verein "Gut Biss" in Berlin-
Tegel - haben "Petri Heil" zu ihrem Eröffnungsmarsch erkoren.
Im Januar winkt den "Micky's" ein Fernsehauftritt mit Otto
Höpfner. Die Sache hat nur einen (Angel-)Haken: Die drei mu-
sizierenden Petrijünger haben selbst noch nie in ihrem Leben
geangelt. **BR**

1968 hatte Otto Disser plötzlich keinen Bock mehr, beim
MICKY-TRIO mitzuspielen und schied aus. Man empfahl mir
einen Schlagzeuger aus Mainflingen, der Helmut Herr hieß
und Jonny genannt wurde. Er stieg bei uns ein und saß dann
auch bei unserer ersten Schallplatte für *TELDEC* an der
Krachmaschine.

Im wirklichen Leben war er
Versicherungsvertreter, trank
gern mal einen zuviel und
liebte die Frauen, auch wenn's
nicht die eigene war. Was ich
ihm keinesfalls zum Vorwurf
machen möchte. Bei mir war's
ja auch nicht viel anders. Denn
Englein können wir im Himmel
sein.

Helmut Herr

18

HANS PODEHL, DIE MICKY´S UND ICH

Genau betrachtet schlug die eigentliche Geburtsstunde von *Adam und den Micky´s* 1968 in einer kleinen Küche in der

Zellhäuser Straße in Seligenstadt, wo ich damals mit meiner ersten Frau in einer winzigen, windschiefen Wohnung lebte Wobei der Ausdruck *"Geburtsstunde"* sicher falsch ist und *"Zeugung von AudM"* besser wäre. Oder auch nicht, weil es die Micky´s ja längst gab - und das seit Jahren. Sagen wir also:

Es begann ein neuer Abschnitt im Leben der Micky´s; ein Abschnitt, in dem plötzlich Schallplattenerfolge, Fernsehauftritte und Rundfunkeinsätze eine große Rolle spielten. Und das fing so an:

Seit Monaten war **ein** Lied ganz vorn in jeder deutschen Hitparade. Wenn man das Radio anschaltete, tönte es einem bei jedem Sender zu jeder Tages- und Nachtzeit stündlich mehrfach entgegen. Dabei war es nicht einmal ein neues Lied! Der italienische Komponist Cesare Andrea Bixio hatte es 1938 für den Tenor Benjamino Gigli geschrieben. Und jetzt erlebte es in einer deutschen Version, getextet von Bruno Balz und gesungen von dem elfjährigen Holländer Heintje, seine Wiedergeburt:

Mama!

Es war - und es ist immer noch - ein sehr schönes, gefühlvolles Lied. Keine Frage! Sogar mit deutschem Text. Aber es ist wie mit deiner Leibspeise:

Wenn man sie dir täglich und immer und immer wieder serviert, hängt sie dir irgendwann zum Hals raus. Dann hebt´s dich zum Kotzen, wenn du sie nur siehst. Oder aus der Ferne riechst.

Genauso erging es mir mit diesem Lied!

Zu eben dieser Zeit hatte ein hessischer Postangestellter mit dem Künstlernamen *Malepartus* ein paar andere bekannte Tagesschlager auf den Arm genommen und in einer hessischen Version, sogar recht erfolgreich, gesungen. Aus *Wild Thing* von den *Troggs* machte er *Lisbeth* oder *Fraa, bring de Äppelbrei* aus *Dear Mrs. Appelbee*. Mir gefiel das, und ich dachte: Was der kann, kann ich schon lang! Zumal ich durch meine Musikschau bei den *Alten (1. Hanauer Carnevalgesellschaft von 1893)* schon einige Erfahrung mit dem Umtexten von Liedern hatte und diese jedes Jahr mit großem Erfolg auf die Bühne der Hanauer Stadthalle brachte.

**Musikschau bei den "Alten" in Hanau
hier: als Russen**

In der bewussten kleinen Küche in Seligenstadt kam mir also die glorreiche Idee, aus der um ihren Jungen weinenden *Mama* einen *Papa* zu machen, *der sich schon wieder vollgesoffen hatte.* Beim nächsten Auftritt des *Micky-Trios,* damals bestehend aus Karlheinz Neckermann, Helmut Herr und mir, machte ich die Probe aufs Exempel und hatte einen riesen Lacherfolg mit meinem umgetexteten Lied.

Also schleppte ich beim nächsten Gig mein kleines Grundig-Tonbandgerät mit und nahm auf, was ich da an neuem hessischen Liedgut von mir gab. Es hörte sich grauenvoll an, weil ja nichts an Musik und Gesang irgendwie ausgesteuert war und sämtliche Nebengeräusche mit auf's Band kamen. Trotzdem sollte diese Aufnahme ihren Zweck erfüllen.

Durch etliche Anrufe, u. a. beim Hessischen Rundfunk, erfuhr ich, dass *Malepartus* von einem gewissen Hans Podehl produziert wurde, der in Obertshausen im Kreis Offenbach, also praktisch um die Ecke, die Diskothek *La Banda* betrieb.

Hans Podehl *(links)* war in früheren Jahren ein bekannter Schlagzeuger gewesen, der sogar im Jazz-Lexikon genannt wurde und nach dem Krieg mit Paul Kuhn, James Last und anderen bekannten Musikern in Amiclubs herumgetingelt hatte. Danach war er für eine Weile Programmgestalter beim HR geworden, wo er u. a. die erfolgreiche Sendung *Schlagerlotto* erfunden hatte. Jetzt betätigte er sich als freier Schallplattenproduzent und Gastwirt der besagten Diskothek.

Ohne einen Termin mit Hans Podehl vereinbart zu haben, packte ich mein kleines Tonbandgerät ins Auto, fuhr nach Obertshausen und suchte die Diskothek *La Banda* auf.

Es war kein besonders schicker Laden, den ich da vorfand, eher schon eine ein bisschen heruntergekommene Spelunke. Untergebracht war die Kneipe in einer ehemaligen Fabrikhalle. Mittelpunkt des Ganzen war ein alter Eisenbahnwaggon, in dem man sitzen, der Musik lauschen und sich die Kutte vollhauen konnte. Außerdem gab es eine große, quadratische Theke, den etwas erhöhten Platz für den Diskjockey und etliche Tische mit Stühlen. Die Beleuchtung war diffus, es roch nach kaltem Rauch und abgestandenem Bier. Stammgast wäre ich hier unter normalen Umständen vermutlich nicht geworden.

Ich nahm an der Theke Platz, bestellte mir ein Bier und erkundigte mich nach dem Hausherrn.

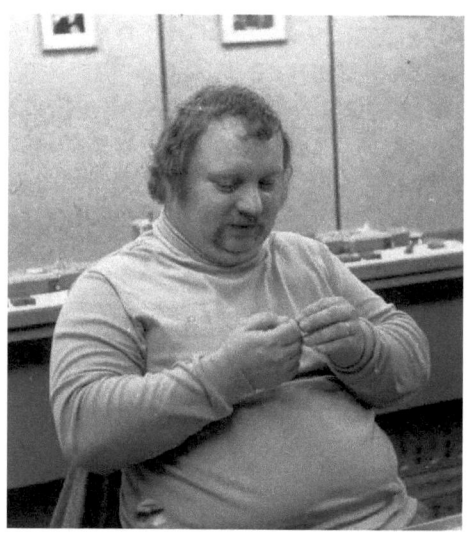

"Der ist in einer Besprechung", wurde mir erklärt. "Ich sag ihm aber Bescheid, dass Sie ihn sprechen wollen."

Dabei blieb es zunächst. Dabei blieb es sogar eine ganze Weile. Ich zog schon in Erwägung, unverrichteter Dinge wieder abzuziehen, als endlich ein ziemlich dicker Mann angewatschelt kam und mich mit einem schlaffen Händedruck begrüßte.

"Was kann ich für Sie tun?", wollte er wissen.

"Mein Name ist Adam", stellte ich mich vor. "Ich habe ein Lied geschrieben, das ich Ihnen gern mal vorspielen möchte. Ein hessisches Lied."

"Aha", erwiderte Podehl wenig interessiert. "Die schreiben wir auch!"

"Ich weiß", sagte ich. "Deshalb bin ich ja zu Ihnen gekommen."

"Ist das auf diesem Tonband?", wollte Podehl wissen und deutete auf das Gerät, das ich zu meinen Füßen geparkt hatte.

Ich nickte. "Ja."

"Na, dann kommen Sie halt mal mit", meinte Podehl und schlurfte voraus in einen hinter der Theke befindlichen Nebenraum, wo noch zwei oder drei andere Herren herumhockten und mir gelangweilt entgegen schauten.

"Das ist der Herr Adam", stellte Podehl mich vor. "Er hat ein hessisches Lied geschrieben."

Die übrigen Herren zeigten sich genauso uninteressiert wie Hans Podehl zuvor, begrüßten mich mehr oder weniger freundlich und forderten mich auf, ihnen dieses Lied halt - wenn's unbedingt sein musste - mal vorzuspielen.

"Es ist eine ganz primitive Live-Aufnahme", erklärte ich. "Sie dürfen bitte nicht so genau hinhören."

Ich verband mein Tonbandgerät mit dem Strom und startete es. Was ich nach ihrem vorherigen Verhalten kaum erwartet hatte, geschah:

PAPA (Mama)
Musik: Cesare Andrea Bixio
Orig.Text: Bruno Cherubini
dt. Text: Bruno Balz
hes. Text: Dieter Adam
Orig.Verlag: C.A. Bixio Ed. Mus. SRL
dt. Subverlag: Beboton, Hans Sikorsky, Hamburg

Refrain:

Papa - du hast dich ja schon widder vollgesoffe.
Papa - wen hasde dann in deiner Kneip getroffe?
Du riechst nach Schnaps, o Vater,
morje hast du einen Kater,

23

morje früh leeschst du, du armer Tropp,
en Eisbeutel uff deinen Kopp.
Papa - du hast dein Anzuchjack verkehrt erum an,
du schwankst wie e Tann im Wind
un an deim Schlips hängt´s halbe Wertshaus noch dran

Vers:

Mittwochs un Freitags is Stammtisch,
da zieht Papa in die Schlacht.
Mittwochs un freitags sacht Mama:
"Komm net so spät haam heut Nacht!"
Un kimmt er haam dann um Uhre vier,
steht se im Hemd an de Dier:

Refrain:

"Papa - du hast dich ja schon widder vollgesoffe.
Papa - wen hasde dann in deiner Kneip getroffe?
Des kann ich grad gut leide!
Ich lass mich von dir scheide!
Früher, da wollsde jede Nacht zu mir,
heut stinksde nur noch nach Bier!
Papa - was warsde früher mal für´n stattliche Mann!
Wenn ich dich heut betracht:
Was is an dir heut von früher noch dran?
Papa! Papa!!!"

Podehl und seine Kumpels wurden hellhörig, begannen lauthals zu lachen und vergnügt herumzugröhlen und wollten meine Mama-Version noch einmal hören. Und schließlich noch einmal.

"Das ist ja sensationell!", rief Podehl begeistert. "Die Nummer ist gekauft! Aber mit wem nehmen wir die auf?"

"Eigentlich wollte ich das gern selber singen", warf ich

schüchtern ein.

"Hmmm!" machte Podehl und schaute die anderen an. "Was meint ihr?"

Es wurden ein paar Namen genannt, die mir nichts sagten, die aber offenbar als Sänger oder auch Sängerin für das Lied in Frage kamen. Man hörte sich meine Aufnahme noch einmal an. Und noch einmal.

"Warum eigentlich nicht?" sagte Podehl schließlich. "Ich kenne niemanden, der das auf diese unnachahmliche Art singen könnte. So schnodderig, so gelangweilt und doch so... so...! Ich weiß nicht, wie ich es nennen soll. Das wird DER Hammer!"

So wurde ich zum Schallplattenstar, wobei *Star* ein großes Wort ist, das ich nie für mich beanspruchte. Der eine oder andere *Micky* schon ein wenig. Aber wirklich nur ein wenig. Eigentlich blieben wir immer die netten Kumpels, mit denen man reden und einen saufen konnte. Vielleicht blieben wir gerade deshalb so lange populär. Nie ganz oben, aber auch nie ganz weg vom Fenster.

Das Micky-Trio 1968 mit (von links) Helmut Herr, Dieter Adam, Karlheinz Neckermann

Hans Podehl schleppte das Micky-Trio ins Studio Walldorf, das wir schon von unserer Angler-Platte für den Eberstädter Anglerverein her kannten. In knapp vier Stunden war die Aufnahme samt Mischung im Kasten, für die ich als Rückseite noch einen weiteren Heintje-Titel geschrieben hatte: *Aber heidschi bumm beidschi - wie dumm.* Mitautor war zu meiner großen Verwunderung Hans Podehl, der keine Zeile und keinen Ton dazu beigetragen hatte. Außer in Walldorf neben dem Toningenieur am Mischpult zu sitzen und ab und zu beifällig zu nicken oder auch nicht.

"Das ist in der Branche so üblich", wurde mir erklärt. "Der Produzent will schließlich auch ein paar Mark verdienen. Daran musst du dich gewöhnen."

Ich habe mich nie daran gewöhnt und mich immer darüber geärgert, dass auf vielen meiner Lieder der Anfangsjahre, ach was, bei fast allen, Autoren standen, die wenig bis gar nichts dafür getan hatten. Zum Beispiel auch auf meinem einzigen richtigen Hit *Auf einmal ist man fünfzig* mit Ernst Neger. Da werde ich nur als Komponist genannt, obwohl auch der gesamte Text von mir ist. Na schön: Die Zeile *(das ist der Titel des Liedes)* ist von Podehl. Die hat er gesagt, als ich ihn kurz vor seinem 50. Geburtstag anrief und wir dabei auf sein Alter zu sprechen kamen. Ansonsten...?

Ich habe, um Ärger zu vermeiden und im Geschäft zu bleiben, geschwiegen. Jahrelang. *Weil das in der Branche ja so üblich war!* Und dadurch eine Menge Kohle verschenkt!

Nachdem wir den *Papa* samt Rückseite aufgenommen hatten, war man der Meinung, dass wir einen attraktiven Namen als Interpreten der Nummer brauchten. *Micky-Trio* erschien Podehl zu bieder. *Dieter und die Micky´s* klang auch nicht besonders originell. Aber - *Adam und die Micky´s*! Das war´s! Und dabei blieb es! Über 45 Jahre lang! Und das mit einem falschen Apostroph! Aber den hatte ich von den Ur-Micky´s übernommen.

Adam und die Micky's

aus dem Micky-Trio wurde

ADAM und die MICKY'S

Nun kann man natürlich einen Welthit nicht so einfach um-texten und ins Hessische übersetzen. Dafür braucht man die Genehmigung des Verlegers. Und um die sollte sich der Produzent - also Hans Podehl - kümmern. Im Mai 1969, lang nach Erscheinen unserer Single, erreichte mich dazu folgender Brief des Musikverlages Dr. Sikorsky:

"Nachdem Sie ohne unsere Erlaubnis eine Parodie auf den Text des Liedes 'Mama' geschrieben haben und Herr Balz Ihnen, in dem Glauben, dass er dazu berechtigt sei, dazu die Erlaubnis erteilt hat, habe ich keinerlei Einwand dagegen, dass Herr Balz Ihnen den halben Textdichteranteil abtritt, und zwar ausschließlich an der Parodie. (Warum nicht den ganzen??? Aber das ist ja so üblich in der Branche, nicht wahr!)

Ich muss in diesem Falle die Einschränkung machen, weil es sich nicht um ein Original-Copyright handelt, sondern wir nur über die Subverlagsrechte verfügen. Ich muss mich dagegen schützen, dass der Komponist Bixio und der Originalverlag, zu dem ich sehr freundschaftliche Beziehungen unterhalte, mir eines Tages Vorwürfe machen, dass ich eine solche Parodie gestattet habe.

Mit freundlichen Empfehlungen - Dr. Hans Sikorski"

Nachdem sich ein Riesenverkaufserfolg für die Nummer abzeichnete, hat der Verlag in seinem Rundschreiben an Kunden *In diesen Tagen.. 34/69* sogar Reklame für die Platte gemacht:

"... wurde auch die 100.000 Schallplatte der Scherz-Version von 'Mama' verkauft. ADAM UND DIE MICKY'S verhohnepiepeln ihren 'PAPA' in ständigem Maße weiter.

Der hessische Zweigstellenleiter einer Privatbank, der aus Spaß an der Freud' 'Schallplattenproduzent' geworden ist, wurde in seiner launigen Mundart-Aktivität inzwischen durch diesen Erfolg zu weiteren Produktionen beflügelt."

Und das war sie, unsere erste offizielle
Schallplatte:

PAPA -

Rückseite: Aber Heidschi-Bum-
Beidschi, wie dumm

Das schrieb die  damals:

Ein Hobby mit goldenem Boden

Am Tag die Bank, am Abend Parodien

Als "verspäteter Fastnachter" hatte Amateurmusiker Dieter Adam (28) aus Heusenstamm mit 'Papa' und 'Heidschi-Bum-Beidschi, wie dumm' einen Bombenerfolg. Die viel belachten urhessischen Heintje-Parodien kamen kurz vor Aschermittwoch auf den Schallplattenmarkt und wurden erst jetzt richtig populär --- so populär, dass Adams erste Platte bereits 40.000 Käufer fand.

Dieter Adam ist nicht nur ein erfolgreicher Texter, sondern als Organist, Pianist und Posaunist auch Chef der 'Micky's', eines viel beschäftigten Trios im Rhein-Main-Gebiet.

Ob Dieter Adam wegen seiner Parodien schon Ärger mit Heintje gehabt habe. 'Mit Heintje nicht, aber mit seinem Musikverlag. Aber weil meine Heidschi-Bum-Beidschi-Version einen solchen Erfolg hatte, sind Heintjes Plattenverleger inzwischen friedlich geworden.'

Die nächste Fastnachtsplatte soll übrigens nicht wieder zu spät erscheinen. 'Im August wird ein weiterer Spitzenschlager *auf die Schippe genommen", verrät Adam. "Er wird dann hoffentlich rechtzeitig zum 11.11. in aller Mund sein.*

Der Erfolg lässt den Hobby-Musiker Adam durchaus nicht den Sinn für die Realitäten verlieren. Er will nicht hauptberuflich ins Schaugeschäft einsteigen. Hauptberuflich ist Dieter Adam nämlich Bankangestellter."

Und der  schrieb im November 1969,

nachdem die 2. Single *(John Browns Vadder / Das nackische Lorchen)* erschienen und auch sehr erfolgreich war:

"Blödsinn muss Blödsinn bleiben

Zündende Karnevalsschlager von Dieter Adam

Erste Plattenerfolge des Hanauer Karnevalisten und Humoristen mit dem Micky-Trio

"Baabaa. . ." dröhnt es fast aus jeder Musikbox in Hessen und die gelungene Heintje-Parodie auf das Lied 'Mama" wird oft belacht. Nicht viel anders geht es der anderen berühmten Heintje-Platte "Heidschi-Bum-Beidschi", die ebenfalls in einer Parodie aufs Korn genommen wird. Die ironischen Texte auf die sentimental-kitschigen deutschen Schlager-Hits stammen von dem Hanauer Dieter Adam, wochentags ein biederer Bank-

angestellter in der Heusenstammer Filiale einer Offenbacher Privat-Bank, an Wochenenden allerdings ein Vollblutmusiker, der mit seinen Micky´s ganze Säle unterhält.

Dieter Adam ist ein bekannter Hanauer Karnevalist. Schon in früher Jugend hat er sich der Fastnacht und ihren Attitüden verschrieben, war lange Zeit Ministerpräsident der Jugendkarnevalisten und trat auch oft auf der Bühne mit Karnevalsschlagern auf, deren Texte und Musik meist von ihm selbst stammten.

Als Mitglied der ehemaligen Teenager-Lieblingsband 'Micky's' im Raum Offenbach-Dieburg hatte sich Dieter Adam auch als Musiker schon einen guten Ruf erworben, und als Texter für Karnevalsschlager hatte er ebenfalls schon sehr früh Erfolg. "Einige Schlager, deren Musik ich geschrieben haben, kamen damals allerdings von den Verlagen zurück", gesteht der Karnevalist lächelnd ein. "Aber jetzt gehen sie weg wie warme Semmeln."

In der Tat, seit die ersten Adam-Platten mit dem Musik-Trio Micky's - aus der einstigen Rock- und Twistband ist inzwischen ein solides Trio geworden, das Unterhaltungsmusik für die Altersklassen 25 und aufwärts bietet - zum Kassenschlager geworden sind, reißen sich die Verlage um neue Adam-Texte und auch um Schlager.

Parodien und Schunkelwalzer, durchweg in original-hessischer Mundart gesungen, überfluten den Musikmarkt und füllen die Musikboxen in den Lokalen. Wer kennt sie nicht, die launig-lustigen Schlager vom 'Geeleriebche', einem Schlager der vergangenen Fastnachts-Saison, oder "John Browns Vadder", 'Das nackische Lorchen" und andere viel belachte Titel.

Schwierigkeiten hat der 28jährige Bank-Zweigstellenleiter mit John Browns Vadder: 'Der Hessische und der Bayrische Rundfunk weigern sich, diese Nummern zu spielen', berichtet Adam, 'denn der letzte Bruder im Text ist Pfarrer geworden. Inzwischen mehren sich aber die Hörerwünsche, so dass man den Schlager in Hessen schon ab und zu hören kann.'

Zünftig verspricht auch der nächste Text zu werden: 'Himmel, Arsch und Zwern', ein Karnevalstitel, der die Schunkelfreunde mitreißen soll. Nicht ganz zufrieden ist der Texter über seinen Erfolg beim Schlager 'Wer hat meine Frau geklaut', der bei einer ZDF-Veranstaltung im Zusammenhang mit der Mainzer Ranzengarde in einem Karnevalsschlager-Wettbewerb 'Nur' den zehnten Platz erreichte. Aber bei 400 Einsendungen sind der 10. und 12. Rang (für einen zweiten Titel) doch recht beachtlich. 'Wer hat meine Frau geklaut' soll ohnehin als Platte herauskommen und 'der Plattenerfolg zählt letztlich mehr als eine Platzierung', meint Adam.

Wo fallen einem Schlagertexter die Texte ein? Diese Frage wollte Dieter Adam nicht beantworten. Aber es dürfte feststehen, dass auch beim Geldzählen und dem Studium der Börsenkurse der eine oder andere Gedanke geboren wird. Trotz der bereits verkauften 30 Titel wird Dieter Adam nicht übermütig: 'Das ist meine Nebenbeschäftigung und wird es auch bleiben - es sei denn, die Plattenerfolge steigen in ungeahnte Ziffern.

Soweit ist es zwar noch nicht, aber 100.000 Papa-Platten, die bereits verkauft worden sind, können sich bestimmt sehen lassen.

Die Micky´s haben aber im Vergleich mit andere Karnevalisten einen Vorteil: Sie nehmen den Spaß nicht ernst, jedenfalls nicht so ernst wie andere. Dieter Adam sagt es deutlich: 'Es darf nicht in Bürokratismus ausarten. Blödsinn muss Blödsinn bleiben.'

Neuerdings bekommt der Hanauer Textdichter sogar schon Auftragsarbeiten. 'Ich bemühe mich, für andere etwas Humoristisches zu schreiben', sagt er, 'aber wenn mir der Text nach eigenem Ermessen sehr gut erscheint, dann singen wir es selbst!'   Manfred Ester"

Nach unserem ersten Erfolg entdeckte Hans Podehl, dass

mit mir ja noch wesentlich mehr Geld zu verdienen war. Seine Beziehungen und Erfahrungen und meine Ideen verschmolzen zu einer äußerst kreativen, aber auch lukrativen Einheit. Womit ich nicht behaupten möchte, dass von ihm nichts an Ideen gekommen wäre. Die sprudelten auch, anfangs etwas mehr, später stark nachlassend. Meine Einfälle übertrafen allerdings die von Hans bei weitem, darf ich in aller Bescheidenheit feststellen. Auch wenn die Autorenangaben auf den Platten vielleicht etwas anderes vermuten lassen. Aber - siehe oben! *Daran musst du dich gewöhnen.*

Was Hans phantastisch verstand war, unsere Lieder im Laufe der Jahre auch bei anderen Künstlern und Künstlerinnen unterzubringen. So schleppte er eines Tages eines meiner Jugendidole - Ted Herold *(Muuhuhunleit)* - an, der gerade einen neuen Produzenten suchte, weil sonst keiner mehr was von ihm wissen wollte. Ich schrieb das Lied *Grüne Augen - Froschnatur* für ihn und den Text zu *Sommertraum*, den Hermann Sattler vertonte. Ein Hit wurde das

nicht, weil wir - denke ich heute - Ted Herold falsch produzierten. Statt ihn in die o8/15-Schlagermasche hieven zu wollen, hätte man ihm da schon wieder das verpassen sollen, mit dem er bekannt geworden war: Rock´n´Roll in all seinen Variationen. Das hat später ja auch wieder geklappt. Allerdings mit anderen Produzenten. Und - ganz ehrlich! - auch wesentlich besseren Songs.

Andere Künstler, für die wir schrieben, waren das Medium-Terzett, die 3 lustigen Moosacher, Billy Mo, die Scheierborzler, Margit Sponheimer, Ernst Neger u. v. a.

Für den Mainzer Dachdeckermeister Ernst Neger, bekannt von der Fernsehsendung *Mainz wie es singt und lacht*, schrieben wir das Lied *Auf einmal ist man 50*, von dem ich schon erzählt habe. Es wurde zu einer Art Evergreen, verkaufte viele Platten und wurde oft im Radio gewünscht und gespielt. Selbst heute noch hin und

wieder. Und etliche andere Sänger nahmen es auf wie der Sohn von Ernst Neger Karl, die österreichische Volksmusikgruppe Stoakogler, Olga Orange und... ich. Sogar eine holländische Version gibt es, die mir persönlich am besten gefällt. Franky Boy singt *Maar eens dan ben je vijftig*. Diese Aufnahme hat Hans, glaube ich, nicht mehr erleben dürfen.

Von unseren Erfolgen beim ZDF-Karnevalsliederwettbewerb in Verbindung mit der Mainzer Ranzengarde erzähle ich in einem eigenen Kapitel.

Unsere damalige Plattenfirma, die *TELDEC*, brachte innerhalb ihrer Serie *Humoris causa* eine LP mit Otto Höpfner, dem ersten Wirt vom *Blauen Bock*, heraus. Die Begleitmusik dafür lieferten wir, *Adam und die Micky´s*. Kennen gelernt habe ich Otto Höpfner persönlich allerdings nie. Die meisten der anderen Künstler dagegen schon.

Auch in Sachen Werbung wurden wir tätig. So schrieben wir für einen Dia-Vortrag oder Werbefilm - ich weiß das nicht mehr so genau - der Deutschen Bundesbahn die Musik. Einen halben Tag verbrachte ich im Studio, um immer wieder die allseits bekannte Melodie von *Kinderschokolade* in verschiedenen Variationen aufzunehmen. Die Firma Jacob aus Hanau, Erfinder des *Süßen Heinrichs,* des *Wippe-Dippe* und ähnlicher Plastikprodukte erhielt eine eigene Single, auf der wir die Erzeugnisse dieser Firma humorvoll anpriesen. Und auch die Büstenhalterfirma *Playtex* bekam ihr Lied. Und engagierte die Micky´s vor lauter Begeisterung für mehrere Vertretertagungen, bei denen wir immer großen Erfolg zu verzeichnen hatten und das Büstenhalterlied mehrfach zum Besten geben mussten.

Hin und wieder produzierte Hans Podehl auch mal Nachwuchskünstler, für die wir neue Lieder schrieben, die aber nie große Erfolge wurden. Oder die Blaskapelle *Kahltaler*. Eine schöne Produktion war auch *Das Frankfurter Herz im Lied,* bei der u. a. der bekannte Hessensänger Karl Groß mitwirkte.

"Das Frankfurter Herz im Lied"

Ganz große Erfolge verzeichneten wir mit unseren etwas schlüpfrigen Platten, über deren schweinischen Inhalt man heute nur müde lächelt, die damals aber zum Teil nur unter der Theke verkauft werden durften oder sogar im Katalog von Beate Uhse zu finden waren. *Du altes Arschloch, du lebst ja auch noch* wurde besonders oft verkauft und war sogar in Österreich in der Musikbox zu finden. Oder *Im Arsch ist finster* und *Es ruht der Puff.*

Für diese Aufnahmen fungierten *Adam und die Micky´s* meistens als Studiomusiker und wurden dementsprechend bezahlt. Am Plattenverkauf selbst waren wir dann nicht mehr beteiligt. Womit wir, wie mir heute klar ist, gewaltig beschissen wurden. Die anderen an den Aufnahmen beteiligten Sänger vermutlich auch. Aber ich hatte zumindest meine GEMA-Einnahmen als Texter und Komponist.

Manchmal schrieben Hans und ich auch nur neue Texte zu bereits vorhandenen Playbacks. Auf die musste dann nur noch gesungen werden. Das ging verhältnismäßig schnell. So entspricht eine LP der *Clo-Schahs* von der Musik her haargenau der LP *Vatertag* von *Adam und den Micky´s.* Dass das immer gut ging und zu keinen urheberrechtlichen Schwierigkeiten führte, wundert mich noch heute, zumal die Platten immer bei unterschiedlichen Firmen herauskamen.

Ein besonders dicker Hund war, was Hans mit dem Playback von *Im Arsch ist finster* fabrizierte. Auf das ließ er ein volkstümliches Pärchen unseren schönen Text *Und in der Heimat da blüht der Mohn* singen. Damit wurden wir *Schnulze des Monats* in der Volksmusiksendung des Hessischen Rundfunks. Und der *Arsch* verkaufte so nebenbei an die 100.000 Singles, wesentlich mehr als der in der *Heimat blühende Mohn.*

An dieser Stelle ist es vielleicht angebracht, mal etwas über die Aufnahmetechnik der damaligen Zeit zu erzählen. Da wurde nicht an Computern produziert wie heute, was einen Haufen Arbeit erspart, weil oft nur ein Vers und ein Refrain aufgenommen und dann per Mausklick auf die gewünschte Länge gebracht werden. Bei Fehlern fährt man zur entsprechenden Stelle und korrigiert ebenfalls durch Mausklick. Selbst schräge Töne im Gesang kann man auf diese Weise verbessern. Der Möglichkeiten gibt es viele und sie werden technisch immer perfekter.

Damals, in den 70er Jahren des vorigen Jahrhunderts, wurde in den Studios noch mit mehrspurigen Bandmaschinen gearbeitet. Die Band saß in einem schalldichten Raum, der Schlagzeuger meist noch einmal extra abgeschirmt, und spielte den Song live ein. Kam es zu einem Fehler, wurde die Aufnahme abgebrochen und neu gestartet. Das konnte oft Stunden dauern und Unsummen an Studiokosten verursachen.

Auch die benötigten Musiker waren live vorhanden. Wurden Geigen gebraucht, saßen tatsächlich Streicher vor den Mikrofonen und wurden nicht als "strings" vom Computer abgerufen. Blies ein Trompeter bei der Aufnahme, blies wirklich ein Trompeter. Oder ein Saxophon. Oder eine Basstuba.

Ein Tag im Studio Walldorf

Bandmaschine und Mischpult

38

Die Playbacks werden
eingespielt. Zunächst
ich am Geflügel

Wolfgang Ott an den
Trommeln ↓↓↓

Schorsch am Bass

↓ ↓ ↓

Dann hau ich noch die
Hammondorgel drauf
⇓

39

Hans Podehl hockt neben dem Techniker in der Regie und hört sich das alles an

Zwischendurch hör ich mir auch mal an, was wir gerade fabriziert haben. Begeistert sieht anders aus.

Dann wird aufs Playback draufgesungen

abgemischt ---

--- und fertig
ist der nächste
Hit
↓ ↓ ↓

(Fast) alle Singles

Unsere ersten Platten wurden äußerst primitiv und ohne großen Aufwand eingespielt. Unser Schlagzeuger hockte - wie gesagt - in einer Art Verschlag und bearbeitete seine Trommeln, der Bassist zupfte seinen Bass dazu und ich spielte am Flügel. Waren die Aufnahmen okay, wechselte ich zur Hammond-Orgel und fügte die auf einer anderen Tonspur hinzu. Anschließend wurde gesungen und - wenn nötig - im Takt geklatscht. Fertig. Mischung.

Später engagierten wir auch mal einen Gitarristen oder Saxophonisten, der uns - gegen cash natürlich - unterstützte. Oder es kamen elektronische Instrumente wie Synthesizer dazu. Selbst den Mainflinger Kinderchor holten wir mal für eine LP - *Wir sind schon bald erwachsen* - ins Walldorfer Studio. Und später den Chor der Volksbank Hausen. Aber da war Hans Podehl schon nicht mehr Produzent.

Der Chor der Volksbank Hausen. Mit ihnen zusammen nahmen wir "Ich brauch jetzt schnell ein kühles Bier" auf. Melodie: "Amazing Graze."

Natürlich brachten wir nach dem erfolgreichen Erscheinen unserer Single *Papa* bald darauf auch noch eine LP heraus. Sie hieß *Oh Häppy Day, Pappa* und schlug ebenfalls wie eine Bombe ein. Der Öffentlichkeit vorgestellt wurde sie Ende Januar 1970 im *Grauen Bock* in Frankfurt-Sachsenhausen. Den zahlreich erschienenen Pressevertreter wurde bei Rippchen mit Kraut und Äppelwoi jeweils ein zum Plattentitel passender altertümlicher Wecker überreicht, und dann legten wir los:

Wenn morjens schon der Wecker rasselt
is aam de ganze Daach vermasselt!
Oh Häppy Day!

Die Mama schnarcht un zählt die Schafe,
ach, könnt ich doch jetzt weiter schlafe.
Oh Häppy Day!

Des Radio spielt "Die letzte Rose",
jetzt rutsche mer noch mei Unnerhose -
Oh Häppy Day"

Die Mama schnarcht jetzt immer schwerer,
"Gute Morgen, liebe Hörer!"
Oh Häppy Day! *usw. usw.*

44

unsere erste Langspielplatte:

OH HÄPPY DAY, PAPPA

Und das schrieb die Presse nach diesem Abend. Ich könnte die Originale scannen, aber das wäre beim kleinen Format dieses Buches nicht leserlich. Also mach ich mir die Arbeit und tippe den Text jeweils ab.

Vor Adam & Co ist kein Schnulzen-sänger sicher

jwt Frankfurt. --- **Rippchen und Kraut dampften auf den Tische, 50 rote, grüne, lila und goldene Weckeruhren klingelten schrill im Chor, als der Hanauer Bankkaufmann Dieter Adam (28) seine neueste hessische Ballade mit dem Titel "Oh häppy day, Babba" vorstellte. In die Fußstapfen seines Landsmanns Friedrich Stoltze ist der jetzt als Filialleiter einer Bank in Heusenstamm tätige stämmige Blondschopf Adam schon vor vielen Jahren getreten. "Ich bin aktives Mitglied der 1. Hanauer Karnevalgesellschaft 'Die Alten' und als solcher für Büttenreden und Musik verantwortlich gewesen.**

Als sich Pianist und Organist Adam dann mit dem Mustermacher Karlheinz Neckermann und dem Rechtsschutzvertreter Helmut Herr zusammentat und das Trio "Die Micky's" gründete, war er jedes Wochenende in Sachen Tanzmusik unterwegs. "Mei hessische Moritate habb ich ab un zu eigestreut, um die Stimmung zu hebe. Un das Volk war immer begeistert.

Begeistert war auch Musikproduzent Hans Podehl, als er im Herbst 1968 mit Adam zusammentraf. "Ich fand bei ihm einen Stoß von Liedern, die von den verschiedenen Musikverlagen abgelehnt worden waren und die ich urkomisch fand, weil Dieter seriöse Schlager, vor allem Heintje-Schnulzen, dabei herrlich auf hessisch verulkte."

"Im "Grauen Bock" von Sachsenhausen hat Adam nicht nur alle Titel gespielt, die auf seiner ersten Langspielplatte verewigt sind, sondern auch die bisher "verschmähten" Gesänge. Er ist der Biograph von "Vadder, Mudder" und vom nackische Lorche, womit er die Loreley meint.

Musikalisch stützt sich der pfiffige Hesse auf bekannte Melodien und Elemente des Dixieland. Doch die Texte, mit denen er bekannte Schnulzen durch den Kakao zieht, sind echt "frankforderisch" und doch auch für Schwaben, Bayern, Rheinländer und Leute von der Waterkant gut verständlich.

"Diese Verscher falle mer net zuletzt ei, wenn ich in mei´m Bankbüro sitz!" Das Büro will Dieter Adam übrigens nicht aufgeben, auch wenn aus seinen inzwischen verkauften 200.000 Schallplatten bald eine volle Million werden sollte. "Ob Bank oder Bänkellieder, für mich zählt nur die solide Grundlage!"

Diesmal haben sie es mit den Weckern: Karlheinz Neckermann, Helmut Herr und Dieter Adam (von links nach rechts) Foto: Kuhn

Der Bänkelsänger von der Bank
Dieter Adam singt Frankfurter Parodien

jwt --- Was der Hanauer Bankkaufmann und Filialleiter einer Privatbank in Heusenstamm Dieter Adam, blond, stabil und 28 Jahre, seit Jahren als Parodien auf Schlager und Musik-Knüller zusammengedichtet hat, lässt in seiner hessischen Gemütlichkeit und lässigen Hintergründigkeit auf einen neuen Stoltze hoffen.

Am Donnerstagabend wurde der junge Adam mit seinen "Mickys", Gitarrist Karlheinz Neckermann (von Beruf Mustermacher) und Helmut Herr (von Beruf Rechtsschutz-Vertreter) von seinem Entdecker und Plattenproduzenten Hans Podehl im Sachsenhausener "Grauen Bock" vorgestellt. Das heißt: 200.000 kennen seine "hessischen Moritaten" in Plattenform schon, und Teldec Werbechef Bräunlich verriet es nicht ungern: "Der Adam war schon seit Monaten unser heimlicher Bestseller!"

Noch ehe Rippchen und Kraut zum goldenen Ebbelwei auf den Tisch kommen, greift Musikant Dieter schon in die Tasten. "Was er jetzt spielt, sind alles Lieder, die kein Musikverlag haben wollte!" Dass sie beim Publikum ankamen, hat Bankkaufmann Adam oft getestet, wenn er als Büttenredner und Musik-Macher der 1. Hanauer Karnevalsgesellschaft 'Die Alten' auf der Bühne stand. "Normalerweise bin ich an den Wochenenden mit Tanzmusik unterwegs. Aber auch bei einem Ball kamen meine hessischen Parodien unter die Leute, und die mochten sie gern!"

Zum Bänkelsänger, zum erfolgsgekrönten, wurde der Bankkaufmann allerdings erst, als er die "Heintje-Welle" auf die Schippe nahm und dem "Mama"-Lied des holländischen Buben eine Frankfurter "Babba"-Schnulze entgegen setzte oder Heintjes "HeidschiBummbeidschi" in das Wiegenlied eines leicht Bezechten verwandelte.

Jetzt konnte er auch ältere Werke wieder aus der Schublade holen: das Lied von den "Geele Riebche", die Klage-Arie "Ich will endlich haam" oder das Spott-Complet "Wer hat meine Frau geklaut". Zusammen mit der Ballade vom "Nackische Lorche", gemeint ist die blonde Loreley auf dem Felsen am Rhein, dem Lobgesang auf die "Wunderbaren hessischen Männer" und vielen anderen Liedern kann Adam einen kompletten Abend mit "Eigenprodukten" gestalten.

Er bewies es im "Grauen Bock", wo außerdem seine jüngste Nummer "Oh Häppy Day, Pappa", assistiert von einem großen Weckeruhren-Chor, Premiere feierte und damit auch seine erste Langspielplatte. Obwohl er als einziger musikalischer Senkrechtstarter Hessens selbst nach der närrischen Zeit durch seine Moritaten im Gespräch bleiben wird, ist Dieter Adam ein kühler Rechner und bleibt bei der Bank. Denn auf die solide Basis will er nicht verzichten.

Foto: Wenzel

Adam und die Micky's auf dem Plattenteller

Oh häppy day, Papa - Familientragödie
Hamburger Verleger entdeckt <stillen Hit>

Dieter Adam und die Micky's sind seit dieser Karneval-saison keine Unbekannten mehr. Sie gelten als Party-An-heizer und Stimmungsbomben. Selbst diejenigen, die ihrer Musik weniger als den Klassikern abzuringen vermö-gen, können ihnen zumindest die Originalität nicht ab-sprechen. Ihr Repertoire ist weit gespannt. Es reicht vom Rheinländer über den Walzer bis zum Rock. Doch die Spe-zialität der Band heißt Karnevalsschlager. Es soll sogar vorkommen, dass die beatverwöhnte Jugend bei Adam und den Micky's für einige Plattenlängen ihre langhaari-gen Idole vergisst.

Micky-Boss Adam hat sich als besonderen Gag Parodien auf bekannte Melodien ausgedacht. Heintje würde sein "Mama" oder "Heidschi-Bum-Beidschi nicht wiedererkennen. Und was es mit "John Browns Vadder" oder "Geele-Geeleriebche" auf sich hat, können Hanauer Narren in-zwischen selbst beurteilen.

Rechtzeitig zu dieser Saison hat sich Dieter Adam noch ei-nige Zünder einfallen lassen und sie bei "Teldec-Telefunken-Decca" auf die schwarzen Platten bannen lassen. Jüngst auf einer originellen Pressekonferenz stellte er sie einem Kenner-

Publikum aus allen Winkeln Deutschlands vor. "Oh Häppy Day, Papa" und "Heut´ ist wieder Hauskonzert" sind soeben erschienen. Für Leute, die ein wahres Micky-Feuerwerk erleben wollen, erscheint unter dem Titel "Oh Häppy Day, Papa und andere hessische Familientragödien" die Teldec-Langspielplatte PT 12003.

Und das sind die Steckbriefe der Band. Dieter Adam ist der Boss der Micky´s, Jahrgang 1941, verheiratet, ein Dackel reinrassig, seit 1963 bei den Micky´s. Er war Organist einer Hanauer Kirche, jazzte in einer Dixieland-Band und ließ sich zum "Twist-König" von Hanau küren. Er komponiert Schlager, schreibt angeblich dumme Texte und verdient auch noch Brötchen mit einem Job in einer Privatbank. Karl-Heinz Neckermann, Jahrgang 1936, verheiratet und Gründungsmitglied der Micky´s. Er spielt Bass und singt die tiefen Stimmen. Er arbeitet am Tage in der Lederbranche. Am Sonntag zieht es ihn auf den Fußballplatz. Helmut Herr, Jahrgang 1936, verheiratet, Zwillinge, ist seit 1968 dabei, spielt Schlagzeug und weiß stolze Mengen Bier zu verkonsumieren. Sonst vertreibt er sich die Zeit im Versicherungsberuf.

Über allen drei Micky´s aber thront noch Hans Podehl mit der Fachbezeichnung "Geräusche und Späße" und mit der Aufgabe des Produzenten Adam´scher Ideen. Sicher ist, dass dieses Gespann keine Eintagsfliege sein wird. Dafür sorgen schon die Plattenverleger, von denen einer aus Hamburg sagter: "Mensch, wir haben gar nicht gewusst, dass wir hier einen 'stillen Hit' haben. uth

Der hessische Humor wird flottgemacht

Dieter Adam aus Heusenstamm und seine Mickeys / Zweihunderttausend Schallplatten verkauft

Frankfurt braucht nicht mehr zuzusehen, wie der Mainzer Humor über die ganze Bundesrepublik alljährlich ausstrahlt. Ein Anfang ist gemacht. Es gelingt, auch hier fabrizierte gute Laune zu exportieren. So etwas lässt sich erst feststellen, wenn das Fernsehen zugreift, oder wenn dort, wo der Warencharakter die Sache exportreif macht, die hohen Auflagen davon zeugen. Das letztere ist bei Adam und den Mickey's der Fall. Von dem, was diese drei Amateure des hessischen Humors produzieren, wurden bereits 200.000 Schallplatten verkauft, und zwar in den so exotischen

Gegenden wie Düsseldorf, Berlin und Hamburg --- sogar in Mainz.

Was Dieter Adam aus Heusenstamm singt und spielt und wozu ihn seine Kollegen Neckermann (Bass) und Herr (Schlagzeug) begleiten, ist am besten mit dem Titel der neuesten Langspielplatte gekennzeichnet: "Oh häppy day, Pappa, und andere hessische Familientragödien." Da wird von Heintje über Hair bis zu Happy day so manche wohlbekannte Weise mit einem komischen hessischen Text versehen. Und die Tatsache, dass die drei gute, rhythmisch begabte Musiker sind, macht den im Vergleich zu Mainz etwas trägeren hessischen Humor so flott, dass er konkurrenzreif wird. Die persiflierenden Balladen werden zwar höchst grotesk, aber, wie es unserer Gegend eigen ist, auf einem Grund von strahlender Gutmütigkeit vorgetragen, und das trägt wohl zum weitreichenden Erfolg dieser Späße bei. Eine potente Schallplattenfirma hat sich ihrer angenommen; das ist eine enorme Starthilfe für den Kassenfilialleiter aus Heusenstamm und seine ebenfalls berufstätigen Kollegen.   R.H.

Durch unsere Plattenerfolge stieg plötzlich auch die Nachfrage nach uns. Konzertagenturen und Veranstalter aus ganz Hessen und der umliegender Ortschaften meldeten sich und wollten uns unbedingt engagieren. Und ich war so blöd, wollte den Vereinen gegenüber fair sein und machte Verträge zu Konditionen, die bei unserer Popularität geradezu lächerlich waren. Das änderte sich erst, als Gerlinde die Geschäftsführung übernahm und die Verträge aushandelte. Da verdienten wir plötzlich das Doppelte und mehr. Und mussten trotzdem erleben, dass uns gewisse Agenturen zu noch wesentlich höheren Konditionen verkauften. Ich bekam mal per Zufall mit, dass einer dieser Ganoven mehr als das Doppelte von dem für uns abkassierte, was er uns nachher auszahlte. *(Diesen Haien verdankten wir es, dass manche Vereine uns nicht engagierten, weil wir angeblich viel zu teuer wären)*

Im Sommer 1970 hatten wir wieder einen Hit. In Mexiko hatte die Fußballweltmeisterschaft stattgefunden, die Deutschland zwar nicht gewann, aber einen Namen noch berühmter machte, als er sowieso schon war: *Uwe (Seeler)*! Den plärrten sie in den Stadien und dazu den Schlachtruf *Alemania ra ra ra!*

Auf die Melodie des amerikanische Traditionals *Oh Susanna* erzählte ich die Erfolgs- bzw. Leidensgeschichte der deut-schen Nationalmannschaft:

ADAM'S MEXICO-BALLADE
(Uwe, Uwe schrie de Babba)

Musik: Traditional
Bearbeitung u. hess. Text: Dieter Adam / Hans Podehl /
Verlag: Melodie der Welt, Frankfurt

Vers:

Denk ich an die Zeit von Mexiko,
ei, was ging´s da bei uns rund.
Die Familie saß am Fernsehschirm.
auch die Omma un der Hund.
Wenn der Uwe stürmt und de Müller bombt,
war die Mama wie verrückt.
Unsern Babba hat se nach jedem Spiel
aus em Kronleuchter gepflückt.

Refrain:

"Uwe, Uwe, Uwe!", schrie de Babba un soi Fraa,
un die Omma rief aus em Hinnergrund:
"Alemania - ra ra ra!"

54

Vers:

Gääsche England war de Deufel los,
unsern Hund war ganz verstört,
hob das Bein an Mamas Gummibaum,
 was sich werklich net gehört.
Nach em dritte Tor sprang die Mama hoch,
grad de Oma gääsche's Bein.
Die fiel vor Schreck ins Aquarium
un sang die Wacht am Rhein.

Refrain

Uwe, Uwe, Uwe...

Vers:

Beim Italienspiel kam Antonio,
der bei unserm Vadder schafft,
un hat sich bei uns, was en Fehler war,
seine Landsleut angegafft.
"Alemania futsch!", schrie er nach dem Spiel,
zooch en Babba an seim Schlips.
Un seit diesem Daach lischt Antonio
verpackt in deutschem Gips!

Refrain:

Uwe, Uwe, Uwe

Vers:

Unser Mannschaft kam aus Mexiko
hier bei uns in Frankfort an,
un nadürlich ham mer aach geguckt,

warn wir immer vorne dran.
Uwe gab der Mama einen Kuss,
un der Oma ebenfalls:
Jetzt wäscht keiner mehr von dene zwei
sei Gesicht un seinen Hals!

Refrain:

Uwe, Uwe, Uwe...

Unsere Fans nahmen das Lied begeistert auf, der Rundfunk spielte es unentwegt, und bis zuletzt wurde es bei Konzerten immer mal wieder gewünscht. Das heißt: Es wurde gewünscht, als ich noch singen konnte und wir noch Konzerte gaben.

Im September 1970 erlebten wir dann allerdings einen schmerzlichen Verlust. Unser Schlagzeuger Helmut Herr verunglückte tödlich. Wir hatten an diesem Abend zur Kerb in Langstadt bei Babenhausen gespielt. Helmut war, wie das öfters seine Angewohnheit war, nach Feierabend nicht gleich nach Hause gefahren und hatte den Abend mit etlichen weiteren Bierchen und ihm wohl gesonnenen Damen ausklingen lassen. Auf dem Heimweg gegen Morgen war er mit seinem Wagen aus ungeklärten Gründen ins Schleudern geraten und in den angrenzenden Wald gerast. Das Auto riss laut Pressebericht drei Bäume um. Helmut konnte nur noch tot aus seinem Fahrzeug geborgen werden. Er wurde 32 Jahre alt und hinterließ neben seiner Frau Marianne seine Zwillinge Jürgen und Klaus. Zum Glück hatte er als Versicherungsvertreter seine Familie gut abgesichert. Sein relativ neues Haus war jetzt bezahlt. Und es war auch wie durch ein Wunder kein oder nur geringe Mengen Alkohol bei ihm festgestellt worden. Dazu enthalte ich mich jeden Kommentars. Man soll kein Öl ins Feuer gießen!

Durch einen tragischen Unglücksfall hat uns am 20. September 1970 mein lieber Mann, unser guter Vater, Sohn, Schwiegersohn, Bruder, Schwager und Onkel

Helmut Herr

im Alter von 32 Jahren für immer verlassen.

In tiefer Trauer:
Marianne Herr geb. Rothkranz
Kinder Klaus und Jürgen
Eltern und Angehörige

Mainflingen, Jahnstraße 4

Requiem am Donnerstag, dem 24. 9. 70, um 16 Uhr in der Pfarrkirche Mainflingen, Beerdigung um 17 Uhr von der Trauerhalle aus.

Was ich nicht begreifen konnte war, dass der Wirt, bei dem wir an diesem Samstagabend gespielt hatten, sich stinksauer zeigte, weil ich den nächsten Tag, den Kerbsonntag, absagte.

Dass wir unseren Schlagzeuger am frühen Morgen verloren hatten, interessierte ihn nur am Rande. Er dachte nur an seinen durch uns sicher erzielten Umsatz, der ihm nun verloren ging. Ich ließ mich aber nicht von ihm überreden, trotzdem bei ihm aufzutreten. Er hat uns dann auch nie mehr engagiert. Was mir aber ziemlich am Arsch vorbei ging..

Nachfolger von Helmut Herr wurde Wolfgang Ott und blieb es bis 1973.

Warum ich auf ihn gekommen war, weiß ich nicht mehr. Wahrscheinlich durch Empfehlung. Außerdem wurde er nicht nur Helmuts Nachfolger am Schlagzeug, sondern er übernahm auch irgendwann in den nächsten Monaten und nach schmerzhafter Trennung einer anderen Beziehung dessen Frau, mit der er bis heute verheiratet war.

weinet nicht
an meinem Grabe,

gönnt mir nun
die ewige Ruh'.

Denkt,
was ich gelitten habe
eh ich schloss
die Augen zu.

wolfgang ott

* 03.12.1947
† 29.07.2016

(Wolfgang Ott ist inzwischen leider auch schon gestorben)

Ich hätte sie vermutlich auch bekommen können, weil Marianne und ich uns blendend verstanden und sie auch nicht uninteressiert schien. Aber da funkte dann Gerlinde dazwischen. Was sicher besser (*für mich*) war!

Im *Blauen Bock,* jener Kultsendung mit Heinz Schenk, waren wir 1971 zum ersten Mal, nachdem sie uns 1970 noch abgelehnt hatten. Ich habe Lia Wöhr, der Produzentin der Sendung, die Micky's Ende 1969 wie Sauerbier angeboten. Sie schrieb zurück:

"...ich kenne Ihre Platten, habe auch schon mit Herrn Schenk darüber gesprochen, aber leider sehen wir keine Möglichkeit, Sie in unserem Blauen Bock vorzustellen."

1971 sahen sie diese Möglichkeit dann offenbar doch, und zwar zu einem Fastnachtsbock im Frankfurter Funkhaus. Mit dabei waren u. a. Monika Dahlberg, Cesare Curzi, Bundesbuffo Willy Hofmann und Rudi Carrell, der sich uns gegenüber aber ziemlich unnahbar gab.

IM "BLAUEN BOCK"

**Karlheinz Neckermann, Dieter Adam, Wolfgang Ott
gesungen haben wir "Aber die Oma, die rollt"**

Kurzes Gespräch mit Heinz Schenk

FINALE

In den folgenden Jahren waren wir dann noch ein paar Mal
dabei, meistens an Fastnacht. Was auffallend war, war die
Tatsache, dass Heinz Schenk uns nie unsere aktuelle Single
singen ließ. Immer wählte er irgendeinen Füller aus einer LP
aus. Als ob er Angst gehabt hätte, wir könnten mit unserem
Hessisch seinem Konkurrenz machen. Darüber ärgerte ich
mich schon ein bisschen und "rächte" mich, indem ich ihn, als
ich die Doppel-LP *So klingt's bei uns in Hessen* produzierte,
nicht fragte, ob er nicht auch mitmachen wolle. Was wiederum
dumm von mir war, weil ich von da an nie mehr im *Blauen
Block* oder einer anderen Schenk-Sendung aufgetreten bin.

1971 wurden wir von der Teldec auch nach Hamburg zur so
genannten Zinnlöffelrunde eingeladen. Auf gut Deutsch war
das ein Grünkohl-mit-Pinkelwurst-Fressen, bei dem der am
meisten davon Spachtelnde zum Grünkohlkönig ernannt wur-

de. Ich meine, Hans Podehl hätte einen der vorderen Plätze, wenn nicht gar den ersten, belegt. Und Zinnlöffelrunde wurde es genannt, weil anschließend ordentlich mit Korn aus einem Zinnlöffel nachgespült wurde, den man mit nach Hause nehmen durfte.

ZINNLÖFFELRUNDE GALERIE LATIN JANUAR 71

Zinlöffelrunde bei der TELDEC in Hamburg mit Su Kramer

Viel interessanter als die Fresserei und Sauferei war, dass wir bei dieser Gelegenheit Peter Maffay kennen lernten, der gerade seinen großen Hit *Du* herausgebracht hatte und sich schon ganz wie ein großer Star gab. Viel lustiger und kollegialer waren dagegen die Les Humphries Singers und Su Kramer, mit der wir im August 1970 bei der Funkausstellung in Düsseldorf einen hinreißenden Abend verbracht hatten.

*(wikipedia: Gudrun „Su" Kramer (*24. März 1946 in Oldenburg) ist eine deutsche Sängerin, die vor allen Dingen in den*

Bereichen Schlager, Musical ("Hair"), Disco und Pop gear-
beitet hat. Sie trat darüber hinaus als Komponistin, Textdichte-
rin und Schauspielerin in Erscheinung. Ihr größter Hit war
Kinder der Liebe *im Jahre 1974)*

Nach einem von der Teldec finan-
zierten Abendessen im *Schneider
Wibbel* in der Düsseldorfer Altstadt
waren wir mit ihr und ein paar
anderen Teldec-Künstlern durch
eben diese gezogen und Su hatte,
weil von hier stammend, die Frem-
denführerin gespielt. Was sehr
erlebnisreich war. Aus einer Kneipe
sind wir rückwärts wieder raus,
weil´s an der Tür schon süßlich
nach Hasch stank. Und überall

fürchterlich aussehende Typen herumhingen.

In Düsseldorf trafen wir auch auf Dieter Thomas Heck, der restlos von uns begeistert war und uns zu einer Faschingsveranstaltung seines Vereins nach Saarbrücken einlud. Wo wir wiederum Drafi Deutscher, Michael Holm, Peter Rubin, Cindy und Bert und noch ein paar andere Schlagersänger kennen lernten, die ebenfalls da auftraten. Und in den Pausen miteinander pokerten, dass die Scheine nur so flogen. Da konnten wir nicht mithalten. Aber es hat uns auch keiner gefragt, ob wir mitspielen wollten. Man sah uns sicher an, dass wir bloß arme Schweine waren *(die viel zu billig spielten!)* Und in seine ZDF-Hitparade eingeladen hat uns der Herr Heck auch kein einziges Mal. Ich habe das viel später mal in einem Lied besungen:

> *"Dicke derfe nie zum Heck,*
> *Leut mit Bäuch, die lässt mer weg!*
> *Deshalb derf ich nie zum Heck,*
> *´s hat alles gar kaan Zweck!"*

Auch zu Rundfunkinterviews musste ich bei jeder neuen Platte antreten. Sehr gern fuhr ich nach Baden-Baden zu der Samstagmorgensendung *Frohes Wochenende* mit Karlheinz Wegener. Damals hieß der Sender noch Südwestfunk und spielte uns in den frühen 70er Jahren fast öfter als unser Heimatsender, der HR. Besonders Mittwochabends beim Wunschkonzert waren wir immer vertreten. Oder auch bei der Filiale des SWF in Mainz, für die ein gewisser Dr. Pelgen zuständig war und ein guter Freund wurde. Der hielt das, was wir fabrizierten, sogar für Kultur und stellte uns in einer entsprechenden Sendung ausführlich vor. Bei der Hans Podehl legendäre Äußerungen über die Feinheiten der hessischen Mundart losließ. Sie hier abzudrucken wäre sinnlos, weil man in schriftlicher Form nicht die Stimme Podehls wiedergeben kann, was dafür unbedingt erforderlich wäre.

Irgendwann entdeckte uns aber auch der Hessische Rundfunk. Der zuständige Redakteur war Franz Rüger, selbst ein erfolgreicher Texter, der u. a. den Text zu *Ich kauf mir lieber einen Tirolerhut* oder *Am Rosenmontag bin ich geboren* verfasst hat. Mit Hans Podehl und mir zusammen schrieb er *Das Herz von Frankfurt,* wobei die Melodie wieder allein von mir war, der GEMA aber als Dreiernummer gemeldet wurde. *Daran musst du dich gewöhnen!* Man kennt das schon.

Franz Rüger lud mich oft zum Interview ein und setzte uns besonders an Fassenacht so häufig ein, dass Bodo Jung, mit dem ich ein Interview machen sollte, drohte, sofort das Studio zu verlassen, *"wenn dieses Schlappmaul noch einmal und schon wieder gespielt würde."* Bei unserem Gespräch und nachdem ihn Rüger ein wenig zurechtgestutzt hatte, war er dann aber sehr freundlich und nett zu mir.

Auch mit Gaby Reichardt, einer Mainzer Schauspielerin und Moderatorin der Samstagnachmittagsendung *Gude, Servus und Hallo,* habe ich mich öfters und gern unterhalten. Auch beim Südwestfunk in Mainz, für den sie ebenfalls tätig war. Und wir haben zusammen zwei, nein, eigentlich nur anderthalb Singles besungen:

"Was wird sein - fragt der Papa", Rückseite: *"E Fraa am Steuer".* Und die Rückseite von *"Tante Maria"* - *"Das macht der Stress",* die sehr oft im Radio zu hören war.

Auch in etlichen dritten Fernsehprogrammen sind wir aufgetreten. Leider habe ich die Verträge nicht aufbewahrt, dass ich sie alle aufzählen könnte. Ich kann mich nur erinnern, dass wir in Stuttgart zur *Abendschau* waren, im Saarland bei *Im Krug zum grünen Kranze* und auch in Baden-Baden und in Mainz beim Südwestfunk.

Besonders gern denke ich an eine Sendung des Hessischen Rundfunks zurück, aus der später die *Inthronisation des Frankfurter Prinzenpaares* geworden ist. (*Die Sendung gibt es inzwischen auch nicht mehr*) Damals, Anfang der 70er Jahre, war das noch eine Veranstaltung des Großen Rates der Stadt Frankfurt, die im Zoogesellschaftshaus stattfand und vom HR lediglich aufgezeichnet wurde. Später wurde das eine Veranstaltung des Hessischen Rundfunks, bei der der Große Rat kaum noch etwas zu melden hatte. Und bei der, im Gegensatz zu früher, kaum noch Frankfurter Fassenachter auftraten. Was wiederum die Frankfurter Fassenachter gewaltig auf die Palme brachte.

mit Wolfgang Ott (links) und Karlheinz Neckermann

(Bild hat mit der gerade geschilderten Veranstaltung nichts zu tun)

alle CDs - "Weihnachten im Hessenland" fehlt

Zwei, höchstens drei Lieder sollten wir damals singen, hatte man uns gesagt, als man uns auf die Bühne schickte, um live zu spielen. Sollte mir recht sein. Vor diesem Publikum graute mir eh. Alle fein herausgeputzt in vornehmer Abendgarderobe. Außer ein paar Komiteemützen auf den edlen Häuptern einiger Männer, Karnevalsorden auf ihrer Brust, dezenter oder auch *fürnehmer* Kopfschmuck bei etlichen Damen kaum etwas, das mit Fastnacht in Verbindung zu bringen war. Stimmung wie auf der *Titanic* kurz vorm Versinken. Und hier sollten wir jetzt auf die Pauke hau´n?!?

Schon beim ersten Lied wachten viele auf und stutzten. Beim zweiten waren fast alle da. Aus vornehmen Lackaffen wurden plötzlich vergnügte Fassenachter, die richtig feiern konnten und offenbar auch wollten. Statt zwei, höchstens drei Liedern musizierten und sangen wir etwa eine dreiviertel Stunde auf der Bühne. Am Schluss stand der ganze Saal auf den Stühlen und grölte mit. Und noch einmal: "Zugabe! Zugabe! Zugabe!"

Im Fernsehen zeigten sie dann nur, wie die Leute bei den ersten beiden Liedern so langsam erwachten, es folgte ein harter Schnitt und nun standen sie auf den Stühlen und klatschten und sangen mit. Ein merkwürdiger Übergang, aber Erfolg auf der ganzen Linie!

Wir wurden zu einer gefragten Fastnachtsnummer, und das nicht nur im Raum Frankfurt-Offenbach-Wiesbaden und in Hanau bei meinem Verein, den *Alten*, sowieso. Selbst in Hannover, Mannheim, Mainz, Koblenz, Bad Ems und sogar in Köln engagierten sie uns. In Köln sangen sie allerdings erst mit, als wir Rheinlieder vortrugen. Unsere hessischen Hits verstanden sie nicht. So wie wir zuvor die Lieder unserer Kölner Kollegen nicht verstanden hatten.

Interessant war Hannover. Dort sollte dem Showmaster Hans Rosenthal die höchste Auszeichnung des hiesigen Karnevalvereins, *der Goldene Spatz,* überreicht werden. Uns hatten sie engagiert, weil sie in Frankfurt bei einer Sitzung gesehen hatten, wie wir die so richtig aufmischten. Jetzt warteten wir also auf unseren Auftritt. Stunde um Stunde verging. Das geplante Ende der Sitzung war längst überschritten, als wir endlich dran kamen. Ein einziges Lied ließen sie uns singen, dann brachen sie ab. Und dafür waren wir bis nach Hannover gefahren! Bei einer "Sitzung" im Lokus hörte ich: "Als mit diesen Hessen endlich mal Stimmung in den lahmen Laden kam, haben die Idioten aufgehört!" Schön, so was zu hören! Aber wir haben auch was gelernt in Hannover: *Lüttje Lage* trinken. Und das geht so:

Ein kleines, niedriges Glas (5 cl) mit Lüttje-Lagen-Bier (alc. 3 % vol.) wird zwischen Daumen und Zeigefinger genommen. Der Mittel- und der Ringfinger derselben Hand halten ein mit Korn gefülltes Schnapsglas (1 cl, 32 % vol.). Beim Trinken werden die Gläser so angesetzt, dass das Schnapsglas über dem Bierglas liegt und der Kornbranntwein zusammen mit dem Bier in einem Zug getrunken wird.

Dazu eine kleine Anekdote, die zwar später zur Zeit von Sukku spielte, aber wunderbar hierher passt:

Abgefüllt von etlichen Lütjen Lagen beschlossen der Sukku und ich nach unserem *„sensationellen"* Auftritt in Hannover, uns noch ein wenig die Altstadt anzusehen und - - - landeten in einer schwummerigen Bar mit willigen Mädchen. Sofort hatten wir zwei hübsche *„Damen"* an unserem Tisch sitzen, die uns den Himmel auf Erden versprachen, wenn wir zunächst eine Flasche Sekt spendieren würden. Die kostete allerdings 500 Mark.

Sukku und ich sahen uns an, nickten, die Damen verschwanden, kehrten mit einer Flasche Sekt zurück, kassierten uns ab und zogen sich zurück, *„um sich frisch zu machen"*.

69

Um die Sache noch intimer zu gestalten, wurde das Licht gelöscht.

Da saßen wir also im Dunkeln und warteten auf die Rückkehr der Damen. Nach einer halben Stunde beschwerten wir uns und erfuhren, wir hätten doch unseren Sekt bekommen. Mehr wäre nicht drin. Sie wären schließlich kein Puff.

Da schütteten wir den Sekt noch verbittert auf die Lütten Lagen und trotteten enttäuscht zurück in unser Hotel.

Und nun zurück zur Micky-Geschichte:

Auch außerhalb der Fastnachtszeit waren wir damals sehr gut gebucht. Da gab es damals die so genannten *Bunten Abende* in Festzelten oder Sälen, zu denen Künstler der unterschiedlichsten Art engagiert wurden: Sänger, Zauberer, Jongleure, Artisten, Humoristen und meistens ein Conferencier, der zwischen den einzelnen Nummern die verbindenden Worte sprach und oft zum hundertsten Mal die gleichen Witze erzählte.

Zu diesen *Bunten Abenden* wurden wir entweder als eigenständige Programmnummer verpflichtet, bei der wir etwa eine halbe Stunde lang unsere eigenen und andere Lieder zum Besten gaben, oder man engagierte uns zur Programmbegleitung mit Einlage und anschließendem Tanz.

Weil wir damals mit unseren Auftritten so viel Stimmung in die Zelte und Säle brachten, weigerten sich viele Kollegen, auch sehr bekannte wie Cindy und Bert, nach uns aufzutreten. Deshalb wurden wir meistens als Schlussnummer eingesetzt und mischten das Publikum zum Ende des Programms noch einmal so richtig auf.

Und WEN wir alles musikalisch begleitet haben! Bata Illic, Fredy Breck, Margit Sponheimer, die Jacob Sisters - um nur ein paar zu nennen. Selbst Heino haben wir in seinen Anfangsjahren mal begleitet. Da war er noch voll des Lobes, was auf einer Autogrammkarte schwarz auf weiß zu lesen war. Ein paar Jahre später waren ihm dann drei Mann zu wenig als Begleitung. Da musste er mit Playback arbeiten.

Oder Trude Herr! Die schleppte Noten mit fünf oder sechs Kreuzen an - und das bei ihren einfachen Liedchen wie *Ich will keine Schokolade.* Außerdem waren die Noten derart verdreckt, dass man manchmal nicht wusste: Ist das nun ein Notenkopf oder eventuell doch vielleicht ein Mückenschiss? Ich habe die Lieder, die ich ja kannte, einfach einen halben Ton tiefer gespielt - und sie hat's nicht gemerkt!

Remmi-Demmi mit KH Neckermann u. W. Ott

Viele Vereine lebten damals von unserer Zugkraft, mit der wir ihnen jahrelang die Säle füllten. Wir blieben mit unseren Preisen immer kulant und hofften, sie würden es uns danken, wenn wir mal nicht mehr so populär wären. Sie haben uns was geschissen! Als unsere Zugkraft zu schwinden begann, ließen sie uns wie heiße Kartoffeln fallen! Auch davon später.

Im September 1971 schlug das Schicksal erneut bei uns zu.

71

Hier ein entsprechender Zeitungsartikel:

"TRAUER UM EINEN MICKY

Das Unterhaltungstrio Adam und die Micky´s, bekannt durch viele öffentliche Auftritte vor allem bei Veranstaltungen im Rodgau und Plattemtitel wie ´Papa, du hast schon wieder mal zu viel gesoffe´, aber auch durch den Mainzer Karnevalschlager ´Gucke mal, wie der guckt´, hat einen schweren Verlust erlitten. Sein Gitarrist (Anm.: eigentlich Bassist) Karl-Heinz Neckermann aus Ober-Roden, der als gebürtiger Nieder-Rodener der dortigen Sportgemeinschaft als aktiver Fußballer die Treue gehalten hatte, erlitt am Sonntag beim Lokalderby Ober-Roden gegen Nieder-Roden mitten im Spiel - wie bereits kurz im Sportteil berichtet - einen Herzmuskelriss und war sofort tot.

. . .

Noch am Samstagabend hatten Adam und die Micky´s bei der Jügesheimer Kerb gespielt. Es war ihr erster Auftritt nach dem Urlaub gewesen, vor dem sie noch eine Doppel-Langspielplatte mit hessischem musikalischem Humor (Schnapp-

schüsse fürs Familienalbum*) und eine Single (? - waren 1971 drei) im Studio Walldorf produziert hatten.*

Der 34jährige Karl-Heinz Neckermann, der verheiratet war und Sohn (He? Doch wohl eher Vater!) eines kleinen Buben, hatte allerdings die Ferienwochen genutzt, um am eigenen Haus in Ober-Roden weiterzubauen. Vielleicht hatte also auch die Überanstrengung zu dem allzu frühen Tod des vielseitigen jungen Mannes beigetragen.

Für das nur noch zweiköpfige Gespann Adam und Ott steht nun neben der Trauer um einen lieben Freund die schwere Aufgabe, einen neuen Bassgitarristen zu finden, der auch gesanglich begabt ist. Es wird lange dauern, bis ein neuer Mann den typischen Sound der Micky´s so beherrscht wie Karl-Heinz Neckermann."

Viel mehr gibt es zu diesem tragischen Ereignis eigentlich nicht zu sagen. Ich lag noch im Bett und erholte mich vom vergangenen Abend, bei dem es ziemlich spät bzw. früh geworden war, als Wolfgang Ott mir die traurige Nachricht überbrachte. Es traf mich sehr, noch mehr als Helmuts Tod vor einem Jahr, weil ich viel länger mit Karl-Heinz zusammen Musik gemacht hatte. Schon bei den Original-Micky´s, zu deren Gründern er gehört hatte, und dann beim Micky-Trio mit Otto Disser. Außerdem war er ein ganz lieber Karl mit einem feinen, hintersinnigen Humor gewesen. Er würde mir sehr fehlen.

Was ganz schlimm war in dieser traurigen Zeit:

Es tauchten plötzlich Gerüchte auf, Adam und die Micky´s wären rauschgiftsüchtig, würden koksen und was weiß ich noch. Nur deshalb wäre der Neckermann gestorben. Dazu kann ich nur eines sagen:

Keiner von uns hat jemals Rauschgift angerührt, nicht mal das relativ harmlose Hasch. Die einzigen Drogen, die wir unseren Körpern zumuteten, waren Alkohol und Zigaretten - und das ganz ordentlich. Was in den letzten Jahren aber immer mehr nachgelassen hat. Ich habe mit Rauchen 2012

73

nach meiner ersten Stimmband-OP aufgehört, es eine Weile noch elektrisch versucht, aber dann gar nicht mehr. Und trinken kann ich sowieso nicht mehr, weil ich nicht schlucken kann und Wasser durch eine sog. PEG-Leitung direkt in den Bauch laufen lasse.

ADAM UND DIE MICKY´S
NORBERT LEHR DIETER ADAM WOLFGANG OTT

Die neue Besetzung

(von links) Norbert Lehr - Dieter Adam - Wolfgang Ott

Bei uns sollte und musste es unterdessen weitergehen. Auch hierzu ein kurzer Zeitungsartikel der *Offenbach Post:*
"Norbert Lehr aus Dudenhofen, 29, verheiratet und Vater eines Sohnes, hat Adam und die Micky´s aus ihrer Notlage befreit. Nach dem plötzlichen Tod des Gitarristen Karl-Heinz Neckermann auf dem Nieder-Rodener Fußballfeld sprang das Mitglied der Regines in die Bresche - das beliebte Trio ist wieder vollkommen, hat bereits in einigen Rodgaugemeinden

74

zu Tanz und Unterhaltung gesungen und gespielt und kann nun auch seinen Fernsehverpflichtungen (Narren nach Noten) nachkommen, die durch den Verlust eines Micky´s in Frage gestellt waren. Wie seine Partner ist Norbert Lehr ebenfalls in einem honorigen Beruf tätig: Er ist Kraftfahrzeugmeister und arbeitet ´hauptamtlich´ in einer Dietzenbacher Autowerkstatt."

Die Micky - Family

(von links) Wolfgang u. Marianne Ott, ich mit meiner neuen Frau Gerlinde und Norbert u. Helga Lehr

So kam Norbert Lehr, von den meisten - warum auch immer - *Schorsch* genannt - zu *Adam und den Micky´s,* und ist es bis zum bitteren Ende geblieben. Er war ein freundlicher Mensch, der allerdings einen großen Fehler hatte: Er war geizig bis zum geht nicht mehr. Mein Vater hätte das so ausgedrückt:

"Der scheißt auf einen Schneeball und suckelt ihn aus."

So durfte Helga, seine Frau, um alles in der Welt keinen ausgeben, wenn unsere Damen mal mit zu einem Musikgeschäft kamen. Mitgetrunken hat sie aber immer, wenn die anderen bezahlten. Bis auf einmal. In Urberach war´s. Unsere Mädels waren dabei und spendierten einander der Reihe nach in der Bar ein Glas Sekt. Auch Helga ließ sich dazu hinreißen. Und wurde prompt vom Schorsch erwischt, wie sie gerade löhnte, weil wir Feierabend gemacht hatten. Da ließ er sie stehen, setzte sich wütend in sein Auto und fuhr davon. Später hat er sie dann aber doch wieder abgeholt. Sonst hätte ich ihm aber auch mal gewaltig in den Arsch getreten!

Was Schorsch sich von Anbeginn an nicht entgehen ließ, war das Abendessen, das uns vertraglich zustand. Konnten wir von der Karte wählen, musste es meist das teuerste sein. Hatten unser Schlagzeuger oder ich mal keinen Hunger und Helga war dabei, bekam sie das Essen verpasst. Wir lassen doch nichts verfallen!

Er lernte beim Musizieren auch etliche Leute kennen, die er anschließend irgendwann besuchte. Einmal gesehen, ein bisschen zusammen gequatscht, und schon durften (mussten) sie mit seinem Besuch rechnen. Wie das dann kostenmäßig aussah, weiß ich nicht, vermute aber mal, dass zumindest das Übernachten für ihn samt Gattin kostenlos war. Vielleicht auch noch die Fresserei!?! Es geht mich nichts an.

Um neue Lieder zu schreiben, traf ich mich regelmäßig mit Hans Podehl in dessen Kneipe, wo es einen weiteren Aufenthaltsraum gab, in dem ein Klavier stand. Aber es gab auch einen Schäferhund, der nachts die Hütte bewachte und verdammt scharf war. Wir konnten uns von Anfang an nicht leiden, und ich war immer froh, wenn er mit Frau Podehl unterwegs war, wenn ich kam.

Jetzt bot mir meine Tätigkeit als Zweigstellenleiter der Heusenstammer Hengst-Filiale auch die Möglichkeit, offiziell auf Kundenbesuch unterwegs zu sein, in Wahrheit aber im Studio Walldorf neue Schallplatten aufzunehmen oder Hans Podehl im *La Banda* in Obertshausen zu besuchen, um neue Texte zu fabrizieren.

Zu unserem Team, wenn man es denn so nennen will, gehörte auch ein Mann namens Hermann Sattler. Er war ein sehr begabter Musiker, hatte aber offenbar versäumt, irgendwann mehr aus sich zu machen. Immerhin schrieb er heute aber viele Arrangements für den *Blauen Bock* und das ZDF. Auch für Podehl-Produktionen arrangierte er oft und für mich arbeitete er später mit bei meiner Produktion *So klingt´s bei uns in Hessen.* Leider hat er sich eines Tages erhängt. Es hieß, er wäre unheilbar krebskrank gewesen.

Als ich dann mein Haus in Mainflingen hatte und Gerlinde meine Frau geworden war, schrieben wir unsere Lieder in unserer Kellerbar. Hans rollte kurz nach acht Uhr abends mit seinem Karmann Ghia an, nahm am Tisch in der Bar Platz, breitete einen Ordner mit Papier vor sich aus, ließ sich eine Flasche Süßen *(frisch gekelterter Apfelsaft)* mit Whisky servieren und wartete auf meine göttlichen Eingebungen. Die schrieb er dann auf, falls welche kamen. Und er steuerte hin und wieder auch mal ein Wort und sogar einen ganzen Satz bei. Anfangs - wie gesagt - oft und viel, später immer weniger.

Die auf diese Weise gefundenen Reime wurden dann sogleich vertont und mittels eines kleinen Uher-Tonbandgerätes, das Hans irgendwann mal angeschleppt hatte, aufgenommen. Mit diesen Aufnahmen klapperte er dann diverse Verlage und Plattenfirmen ab und hatte erstaunlich oft Erfolg damit. *(s. weiter oben)*

Im September 1972 herrschte große Anspannung bei Band und auch Produzent. Hatten wir nicht jeweils im September 1970 und 1971 einen Musiker verloren? Wer war diesmal dran? Wir hegten die allerschlimmsten Befürchtungen. Wir hegten sie zum Glück umsonst und überlebten alle das Jahr

1972.

Na schön, ich trennte mit 1972 von meiner ersten Frau Annelie, aber das zählt wohl in diesem Zusammenhang nicht. Außerdem war die Scheidung ja auch schon im Mai.

1973 verloren wir dann doch wieder einen Musiker, diesmal aber auf freiwilliger Basis und nicht durch Tod. Wolfgang Ott verließ "aus beruflichen Gründen", wie es hieß, die Micky's. Ich will hier keine falschen Behauptungen aufstellen, aber ich meine, da hätten auch noch ein paar ganz andere Gründe eine Rolle gespielt.

Tatsache war, dass Wolfgang in letzter Zeit öfters mal erst sehr spät zum Musizieren aufgetaucht war; praktisch im letzten Moment. Einmal hatte ich sogar schon mehr schlecht als recht mit dem Schlagzeuger der Festkapelle geprobt, weil Herr Ott Minuten vor Programmbeginn noch nicht anwesend war. Marianne und Gerlinde, die an diesem Abend dabei waren, gerieten sich deswegen später gewaltig in die Haare, als man endlich doch noch erschien. Aber das war's wohl nicht.

Ich vermute eher, dass da ein wenig Eifersucht im Spiel war. Unsere Damen waren schließlich nicht immer dabei, und - ich gebe es ehrlich zu - ein Heiliger war keiner von uns. Vor und während Wolfgang Otts Zeit bei uns nicht und auch später nicht.

Bei Wolfgang kam erschwerend dazu, dass er um einiges jünger als Marianne war. Ich habe es schon angedeutet: Als sie sich kennen lernten, war Wolfgang noch mit einem wesentlich jüngeren Mädchen zusammen. Zwischen dem und Marianne hat er sich anfangs nur schwer entscheiden können. Er blieb dann an der älteren hängen. Warum...??? Ich war nicht dabei!

Später, als Marianne und er schon zusammen waren, kam mal eine an ihn gerichtete Urlaubskarte aus dem Odenwald an, wo wir damals öfters spielten. Der Inhalt dieser Karte ließ darauf schließen, dass da etwas zwischen einem Odenwälder

Mädchen und Herrn Ott passiert war, was Marianne nicht gefallen konnte. Und weil ich auch gegrüßt wurde, geriet ich mit hinein in den Strudel. Wir konnten das damals mit allerlei fadenscheinigen Ausreden klären. Ob wirklich was zwischen Wolfgang und dem Mädchen gewesen war, kann ich nicht sagen. Bei mir war - in diesem Fall zumindest - mit Sicherheit nichts.

Was Marianne auch noch fuchsteufelswild machte war, dass wir uns oft aus Platzmangel mit anderen Frauen die Garderobe teilen mussten. Ich kann mich gut an einen Fall erinnern, als wir im Zoogesellschaftshaus in Frankfurt spielten und unsere Frauen, die mit eigenem Auto nachgekommen waren, uns in der Garderobe begrüßen wollten. Ausgerechnet in diesem Moment turnten ein paar Mädels einer Tanzgruppe barbusig herum. Gerlinde erzählte mir später, dass Marianne fast ausgeflippt wäre und den ganzen Abend deswegen herumgestänkert hätte.

Deshalb meine Vermutung, dass Wolfgang nicht nur aus beruflichen Gründen bei uns kündigte. Marianne wird ihren jüngeren Mann nicht länger solchen Versuchungen haben aussetzen wollen. Denke ich mal. Aber vielleicht denke ich ja auch verkehrt.

Trotzdem will ich an dieser Stelle noch einmal wiederholen:

Ein Engel war keiner von uns. Zumal es uns die Damen auch leicht machten. Da wurde schon während wir spielten heftig geflirtet. Das setzte sich dann später in der Sektbar fort, wo man bereits auf uns wartete. Wie oft schwindelte ich zu Hause ein, zwei Stunden hinzu, die wir angeblich länger gespielt hatten. Oder *"was habe ich mich heute Abend wieder verfahren! Ich hätte schon längst zu Hause sein können, wenn das nicht passiert wäre!"* Dabei waren ganz andere Dinge passiert! Auf Einzelheiten verzichte ich. Zumal das im Laufe der Jahre immer mehr nachgelassen hat. Als wir um die 50 waren, hat keine mehr in der Sektbar auf uns gewartet! Da waren wir plötzlich treu wie Gold.

1973 brauchten wir also wieder einmal einen neuen Schlagzeuger. Wir beknieten Wolfgang Sokolowski, den ehemaligen Drummer der *Regines,* bei uns anzufangen. Bei uns ausgeholfen hatte er schon, wenn Wolfgang Ott *"aus beruflichen Gründen"* nicht konnte. Ein guter Mann war er, den sie alle *Sukku* oder *Sokko* nannten. Aber er wollte nicht so recht, weil ihm unsere Musik wohl nicht so gut gefiel. Er hat immer, auch als er dann längst bei uns spielte, von seinen *Regines* geschwärmt und hätte sie gern, und wenn's nur für einen Abend gewesen wäre, reanimiert.

Bei uns hat er dann viele Jahre bis etwa zum Jahr 2000 gespielt, bis auch er "*aus beruflichen Gründen*" aufhören musste. Bei ihm hat es aber hundertprozentig gestimmt. Sukku arbeitete bei einem Hanauer Getränkegroßhandel, der auch Zigaretten- und Kondomautomaten bestückte. Als der Getränkehandel diesen Geschäftszweig aufgeben wollte, übernahm Wolfgang das Automatengeschäft in Eigenregie. Die Firma wurde zwar auf seine Frau Margit angemeldet, aber die meiste Arbeit blieb trotzdem an ihm hängen. So arbeitete er denn tagsüber vom frühen Morgen an bei seiner Getränkefirma und zog anschließend bis in die Nacht in den Kneipen herum, um die diversen Automaten aufzufüllen. Unter diesen Umständen auch noch Musik zu machen, verging ihm irgendwann die Lust. Aber davon später ausführlicher.

Mit unserem Sukku wurde die Musik wieder etwas moderner. Selbst volkstümliche Lieder bekamen einen Hauch von Beat. Ich nannte es *Bauernbeat.* Keiner verstand ihn so vortrefflich zu trommeln wie Wolfgang. Aber auch gesanglich mischte er feste mit. Diese Besetzung mit Norbert Lehr, Wolfgang Sokolowski und mir stand und steht für viele Fans als *DIE* Besetzung von AudM schlechthin. Mit Inbrunst sangen sie ab 1979 auf die Melodie von *Truck Stop:*

> **"Ich möcht so gern den Adam hörn,**
> **den Sukku un den Schorsch;**

so´n rischdisch scheene Babbelsong,
ich glaab, sonst dreh ich dorch!"

Bis zu diesem Lied dauerte es aber noch eine Weile!

Da war 1975 zunächst einmal die Sache mit der *Goldenen Schallplatte*. An dieser Stelle muss ich jetzt ganz dringend mal den Vertriebschef der Teldec für´s Rhein-Main-Gebiet, Gotthard Fürstenfelder, lobend erwähnen. Dieser Mensch war sehr von uns angetan, tat viel für unseren Plattenverkauf und wurde ein guter Freund. Wir lästerten immer, dass zumindest das Mittelloch der *Goldenen Schallplatte* ihm zugestanden hätte. Goldene Löcher hat die Teldec aber leider nicht vergeben.

Ich meine, es wäre Gotthard gewesen, der uns überhaupt auf die Idee brachte, dass uns eine *Goldene Schallplatte* zustand. Ich glaubte immer, um die zu bekommen, müsste man von **einer** Single 1 Million und von **einer** LP 250.000 Stück verkaufen. Gotthard belehrte uns, dass es bis 31.12.1975 möglich war, auch für den Gesamtverkauf Goldene zu kassieren. Wobei verkaufte LP´s mal vier genommen wurden, um bei Singles auf die Million zu kommen. Am 26.11.1975 erreichte mich dann endlich dieses Schreiben der Teldec-Geschäftsleitung:

". . . Ihren uns übermittelten Kontoauszug per 30.6.75 haben wir von unserer Abteilung Vertriebliches Rechnungswesen prüfen lassen. Ihre Buchführung ist nahezu lückenlos. Dieses sei als Kompliment gesagt. Der Gesamt-Single-Umsatz (In- und Ausland) schließt mit 313.473 ab - und der LP-Umsatz mit 179.777. Hier liegen wir sogar um 10.000 höher als Sie. Diese Zahl reicht nach dem bei uns bisher üblichen Umsatzschlüssel voll für eine GOLDENE aus. Die Überreichung erfolgt im Frühjahr '76 zu einem zwischen uns noch zu diskutierenden Zeitpunkt und Gelegenheit.

... Ab 1976 werden Goldene Schallplatten für Gesamtumsätze nicht mehr vergeben, sondern nur noch für die Umsätze einer bestimmten LP oder Single. Entsprechend werden dann auch die Zahlen reduziert. Dieses entspricht einem Beschluss aller Mitgliedsfirmen, die Mitglieder des Bundesverbandes der Phonografischen Wirtschaft sind.

. . .

Der neueste Stand ist folgender:

Gold für Alben gibt es in Deutschland bei 100.000, Platin bei 200.000 verkaufte Stück, Gold für Singles bei 150.000, Platin bei 300.000 verkaufte Stück.

Gold für Alben gibt es in Österreich bei 10.000, Platin bei 20.000 verkaufte Stück, Sold für Singles bei 15.000, Platin bei 30.000 verkaufte Stück.

Gold für Alben oder Singles gibt es in der Schweiz bei 15.000, Platin bei 30.000 verkaufte Stück."

Die *Goldene Schallplatte* - das gilt für Einbrecher, falls sie dieses Buch lesen sollten - ist nun keineswegs eine Platte aus purem Gold. In unserem Fall war es die vergoldete "*Mutter*" irgendeiner unserer LP's. "*Mutter*" ist die Platte, auf der die Aufnahmen der bespielten, abgemischten Bänder sozusagen negativ eingeritzt werden, um damit dann die schwarzen Scheiben zu pressen.

Die stolzen Gold-Empfänger:

(von links) Hans Podehl - Wolfgang "Sukku" Sokolowski - Dieter Adam - Norbert "Schorsch" Lehr

Überreicht wurde uns das gute Stück in vier Exemplaren von Herrn Direktor Bräunlich in der "Hessestubb", dem Partykeller des AEG-Telefunken-Hauses in Frankfurt, wo wir schon so manche Schlacht für die Firma geschlagen hatten. Herrn Bräunlich war die Sache sichtlich peinlich, diesen Hessen-Schlappmäulern diese Auszeichnung übergeben zu müssen. Er tat es mit einem süß-sauren Lächeln, was uns ziemlich egal war. Wir freuten uns diebisch - und Gotthard Fürstenfelder, der Frankfurter Vertriebschef der Teldec, freute sich mit uns. Wie gesagt: Ihm stand ja auch eigentlich das Mittelloch der Platte zu!

Das steht rund ums Mittelloch:

"

250.000 Langspielplatten

Adam und die Micky´s

unser jeweiliger Name

Hamburg / Frankfurt, im November 1975

Schnappschüsse

**Stimmung im Partykeller der AEG/Telefunken Frankfurt -
und meine Gerlinde (*vorn*) marschierte mit.**

Autogrammstunde im Kaufhaus Neckermann, Offenbach

Nachdem uns die GOLDENE überreicht worden war, war beim Autorenteam Adam/Podehl irgendwie die Luft raus. Eine LP mit neuen Titeln gab es 1976 nicht, nur eine Doppel-LP *Das Beste* mit einem Zusammenschnitt älterer Werke. An Singles erschien 1976 *Rosi, Rosi, Rosi*, eine im Stil von *Adams Mexico Ballade* produzierte Huldigung an unsere Gold-Rosi Mittermaier mit der Rückseite *Mein Papa sitzt im Bundestag*, einem fertigen Titel von der letzten LP *Die große Hitparaden-Parodie*. Bei unserer zweiten 1976 erschienenen Single *Aber als uff die Klaane (Aber bitte mit Sahne)* scheine ich laut meinen Unterlagen dann schon voll die Regie übernommen zu haben, während Hans auf Erinnerungen ausruhte und so gut wie nichts mehr brachte.

Anfang 1977, als Hans immer noch nicht erkennen ließ, dass er mal wieder was Neues mit uns produzieren wollte, übernahm ich endgültig die Initiative. Für einen hessischen Text drängte sich förmlich der derzeitige Erfolgsschlager *Living next door to Alice* von *Smokie* auf, dessen deutsche Version Howard Carpendale sang. Mein Text lautete: *Ich mach die nächst Woch zur Alice* und behandelte die Geschichte eines frisch geschiedenen Paares. Die Genehmigung, diesen Song zu parodieren, bekam ich von meinem Frankfurter Musikverlag *Melodie der Welt,* der die deutschen Subrechte damals hielt. Das hat sich mittlerweile geändert, tangiert mich aber insofern nicht, weil mein "Derfschein" automatisch vom neuen Verlag übernommen wurde.

Da Hans Podehl der Teldec gegenüber immer noch als unser Produzent galt, benötigte ich dessen Einverständniserklärung, um den Song überhaupt produzieren zu können. Die holte ich mir. Wie ich das bei Hans begründete, weiß ich heute nicht mehr:

"VEREINBARUNG

Zwischen Herrn Hans Podehl und Herrn Dieter Adam wird fol-

gendes vereinbart:
Herr Hans Podehl erlaubt Herrn Dieter Adam, die beiden Titel

Ich mach die nächst Woch zur Alice
und
Ein Junge vom Land

unter dem Namen Adam und die Micky's für die Firma Teldec, Hamburg, auf eigene Rechnung zu produzieren und diese Platte der Firma zum Vertrieb anzubieten. Die Abrechnung für diese Single erfolgt an Herrn Dieter Adam. Herr Hans Podehl löst für diese eine Single die Fa. Teldec aus dem mit ihm geschlossenen Vertrag. Diese Vereinbarung gilt ausschließlich für diese eine Produktion und berührt künftige Produktionen mit Adam und die Micky's nicht. Die Abrechnung für bisherige Produktionen sowie künftige Produktionen erfolgt nach wie vor an Herrn Hans Podehl und wird in gewohnter Weise geteilt.
Mainhausen, den 15. April 1977

Am 8. Juli 1977 zogen wir den endgültigen Schlussstrich unter das Kapitel Produzent Hans Podehl, indem wir ihm folgenden, von allen drei Micky's unterschrieben Brief übersandten:

"Lieber Hans,
wir - Adam und die Micky's - hatten kürzlich eine Zusammenkunft, bei der wir eingehend über unser Verhältnis Kapelle / Produzent gesprochen haben.
Auf Grund der schlechten Zusammenarbeit in den letzten beiden Jahren, in denen du als Produzent so gut wie nichts mehr für uns getan hast - sei es als Lieferant guter Ideen für Platten, seien es deine Initiative bei der Firma Teldec - sehen wir uns leider gezwungen, uns von dir als Produzent zu trennen. Was nützt uns ein Produzent, der sich auf seinen Lorbeeren ausruht und sich nicht mehr für die Belange der Kapelle einsetzt!?
Eine Kopie dieses Schreibens geht an die Firma Teldec in Hamburg, die wir bitten werden, diesen seltsamen, jeder vernünftigen Rechtsauffassung widersprechenden Produktionsvertrag mit dir zu kündigen. Solltest du einer Auflösung dieses Vertrages nicht zustimmen, werden wir uns - da wir ja keinen Vertrag weder mit dir noch mit Teldec haben - entweder von dieser Firma trennen oder unseren Namen wechseln, wodurch der Produktionsvertrag hinfällig würde.
. . ."

Die Antwort kam am 18 Juli 1977. Hier ist sie in Auszügen:

". . .
Ich muss sagen, aufgrund unserer langjährigen Zusammenarbeit und meines Entgegenkommens bei Eurer letzten Produktion bin ich über den Tonfall sehr erstaunt. Zu den vorgebrachten Anschuldigungen kann ich nur sagen: Ich habe es in keiner Weise nötig, mich vor Dir und der Gruppe zu recht-

fertigen. Noch bin ich - und bleibe auch - der Produzent und als solchem obliegt einzig und allein mir die Beurteilung der Lage auf dem Schallplattenmarkt...

Eine Trennung von der Firma Teldec geht nur über mich und dazu bin ich nicht bereit. Außerdem werde ich hierzu die Stellungnahme von Teldec abwarten.

Zu der von Dir genannten Möglichkeit einer Umbenennung und eines Neubeginns kann ich nur sagen: Viel Glück - Ihr werdet es brauchen!

Ganz zum Schluss möchte ich darauf verweisen, dass sich noch Gegenstände aus meinem Besitz in Eurem Gebrauch befinden und ich diese nunmehr umgehend zurückfordere.
Viele Grüße - Unterschrift."

Im September versuchte Herr Stenzel, der für uns zuständige Mann bei Teldec in Hamburg, zwischen Hans Podehl und uns zu vermitteln. In einem langen Brief schilderte er das Zustandekommen der Zusammenarbeit von Teldec und uns, sprach über die Verträge, die geschlossen worden waren und dass es ihm am liebsten wäre, wenn alles so bliebe wie es war. Extra nach Frankfurt wollte er sogar kommen, um mit Hans und uns zu sprechen.

Den weiteren Verlauf soll wiederum ein in Auszügen wiedergegebener Brief erzählen, den ich als Antwort an Herrn Stenzel schrieb. Nachdem ich kurz die Entstehungsgeschichte von AudM mit Podehl als Produzent geschildert hatte, schrieb ich:

"... Da kommt aber auch überhaupt nichts mehr. Zum Schluss hin hat er ja nicht einmal mehr das Studio bestellen brauchen. Er ist ja gar nicht auf die Idee gekommen, dass man wieder einmal eine Single machen könnte! Da musste ich erst einmal den Text schreiben, dann habe ich Sie angerufen und alles klar gemacht, dann habe ich die Genehmigung der Musikverlage eingeholt und schließlich das Studio bestellt. Podehl kam nur noch, saß und schwieg. Und die Kosten für das

Studio wurden erst beglichen, nachdem die nächste Abrechnung der Teldec vorlag. Brauchen wir dafür einen Produzenten? Das können wir auch allein!

...den Vertrag zwischen Teldec und Podehl habe ich niemals zu Gesicht bekommen. Ich habe Herrn Podehl vertraut... Schriftliche Abmachungen zwischen ihm und mir bestehen nicht...

Auf meinen Brief (vom April 77) folgte die Antwort von Herrn Podehl. Er forderte mich auf, unverzüglich seine bei mir befindlichen Gegenstände zurückzubringen. Ich tat es noch am gleichen Tag und fuhr zu ihm mit der Absicht, ihm einen Kompromissvorschlag zu machen: Wenn er uns frei gibt, verzichten wir auf alle bisherigen Rechte - ausschließlich natürlich die Alice. Herr Podehl öffnete die oberste Klappe seiner Tür, gab meinen Gruß kaum zurück, nahm mir die Gegenstände aus der Hand, brachte sie wortlos in seine Hütte, kam zurück, schlug mir die Tür vor der Nase zu und watschelte davon.

Lieber Herr Stenzel, Sie können sich den Weg nach Frankfurt sparen. Ich habe einfach die Nase voll - bis oben hin! Ich mag nicht mehr! Da gibt es nichts mehr zu diskutieren! Was zu sagen war, habe ich gesagt! Das hat jetzt auch nichts mehr mit Undankbarkeit zu tun! Ich war lange genug dankbar! Herr Podehl hat keinen Grund, über mich enttäuscht zu sein! Ich habe ihm lange genug Geld verdient! Geld, für das er so gut wie keinen Finger krumm machen musste!

Trotzdem bleibe ich fairer Weise bei meinem Angebot: Wenn er uns frei gibt, verzichten wir auf alle Rechte aus bisherigen Produktionen. Sollte er jedoch stur bleiben, werde ich einen anderen Weg finden! ...Herr Podehl hat meinen Namen weder erfunden noch hat er ihn lebenslänglich gepachtet!..."

So endete meine Zusammenarbeit mit Hans Podehl, auf die ich, auch wenn sie unschön endete, gern zurückblicke. Wir hatten gemeinsam einigen Erfolg, hatten viel Spaß und hätten sicher auch noch länger zusammengearbeitet, wenn Hans nicht so abgebaut hätte. Aber vielleicht war er ja da schon ernsthaft erkrankt. Darüber gesprochen hat er mit mir jedenfalls nie.

Hans Podehl starb am 11. August 1979 im Alter von 55 Jahren. Die traurige Nachricht erreichte mich in Sölden/Ötztal, wo ich nach der Geburt meines Sohnes Andreas mit Gerlinde ein paar Tage Urlaub machte. Hans´ Frau Ellen rief mich zu nachtschlafender Zeit an, weinte mir am Telefon was vor und beschwor mich, umgehend nach Hause zu kommen, um in der Friedhofskapelle das Harmonium zu spielen. Was ich natürlich ablehnte. Schließlich hatten Hans und ich uns vor zwei Jahren nicht gerade in Freundschaft getrennt. Außerdem brauchte Gerlinde diese paar Tage in Sölden ganz dringend. Ellen konnte und wollte das nicht verstehen und war bis an ihr Lebensende sauer auf mich. Sie hat mir das kurz vor ihrem Tod während eines Telefonanrufs, bei dem es um irgendwelche Rechte ging, bestätigt. Ich konnte es leider nicht ändern und... es war mir auch - ehrlich gesagt - egal!

Alle Langspielplatten

NARREN NACH NOTEN

An der von der Mainzer Ranzengarde e.V. veranstalteten ZDF-Fernsehsendung *Schlagerkonfetti*, die später auch noch den Namen *Narren nach Noten* erhielt, nahmen Hans Podehl und ich erstmals 1969 teil und kamen mit unseren Titeln *Dirilirilirium* und *Wer hat meine Frau geklaut* immerhin in die Endausscheidung. Dort belegten wir dann allerdings nur die Plätze 10 und 12.

Zwei Jahre später sah es dann schon wesentlich besser aus. Wir kamen wieder mit zwei Titeln (*Was stehste denn so dumm rum* und *Junge Mädcher und en Sack voll Flöh*) in die Endausscheidung der besten 12 und wurden vom ZDF-Publikum mit unserem von den *Maledos* gesungenen Floh-Lied zum Sieger gewählt. Das hieß, dass Hans und ich am 11.11.1971 in der Oberrhein-Halle in Offenburg zur Siegerehrung antanzen mussten.

Und weil ich schon mal da war, engagierte das ZDF *Adam und die Micky´s* gleich mit dem Titel *Heut is widder Hauskonzert* für die Rahmenveranstaltung.

Das wollten sich unsere Damen natürlich nicht entgehen lassen und bestanden darauf, uns begleiten zu dürfen. Damit sie sich nicht so allein fühlte, nahm Annelie auch noch ihren Bruder Heinz und dessen Freund Erwin mit, der mich später als ihr Ehemann ablösen sollte.

Narren nach Noten war eine Live-Sendung. Und wir sollten auch live zum Halbplayback singen. Natürlich ging uns gewaltig die Muffe, denn sooo fernseherfahren wie in späteren Jahren waren wir 1971 noch nicht. (*Ehrlich: Auch später ging mir, wenn ich live singen musste, vorher immer die Muffe*)

Was soll ich lange um den heißen Brei herumreden: Vor unserem Auftritt tanzte eine Spitzenmädchengarde und erhielt den verdienten tosenden Beifall dafür. In diesem Beifall hinein spielten die Tontechniker das Vorspiel von unserem *Hauskonzert*. Ich hörte den Anfang nicht, dachte plötzlich:

Eigentlich müsstest du doch schon singen - und prompt war der Text weg! Ich habe dann geistesgegenwärtig umgetextet, sang etwas, das eine gewisse Ähnlichkeit mit dem eigenlichen Text hatte - und keiner hat was gemerkt.

Mainzer Ranzengarde e. V.

DIE ÄLTESTE MAINZER FASTNACHTS-GARDE · GEGRÜNDET 1837

— Mitglied im Bund Deutscher Karneval e. V. —

Präsident: Stadtrechtsdirektor Max Kress

65 Mainz, 22. Oktober 1971
Geschäftsstelle: Am Kronberger Hof 1
Tel. 21421

Herrn
Dieter Adam

6451 Mainflingen
Ludwigstr. 40

<u>Vertraulich</u> (siehe Fußnote)

Betr.: "SCHLAGERKONFETTI 1972", Wettbewerb in Karnevalsliedern
hier: Endausscheidung

Sehr geehrter Herr Adam!

Es freut uns außerordentlich, Ihnen das Ergebnis der Endausscheidung gemäß Ziffer 10 der Teilnahmebedingungen mitteilen zu können.

Das von Ihnen eingesandte Wettbewerbswerk hat sich wie folgt plaziert:

1. Preis   "Junge Mädcher und en Sack voll Flöh"

Platz 6   "Was stehste denn so dumm rum"

Wir gratulieren Ihnen herzlich zu diesem großen Erfolg.

Wegen der Preisverleihung und Veranstaltung in Offenburg geht Ihnen noch weitere Mitteilung zu.

Es würde uns außerordentlich freuen, wenn Sie auch am nächsten Wettbewerb teilnehmen würden.

Für heute verbleiben wir

mit freundlichen Grüssen

Fußnote: In Übereinkunft mit dem ZDF dürfen die 3 Siegertitel
vor dem 11.11.1971 weder der Presse noch der Öffentlichkeit bekanntgegeben werden.

Bis auf meinen Onkel Richard, der die Sendung mit seinem Tonbandgerät mitgeschnitten hat. Der überreichte mir dann irgendwann grinsend die Aufnahme meines "neuen" Liedes.

Heut is widder Hauskonzert

**Ganz vorne, die Blonde, ist Marianne,
die Frau unseres Schlagzeugers**

(von links) Wolfgang Ott, Dieter Adam, Norbert Lehr

Hans und ich nahmen stolz unsere Goldmedaillen und die Gratulation der Ranzengarde-Offiziere entgegen, und ordentlich gefeiert werden wir danach wohl auch haben.

In der Presse kam die Sendung nicht besonders gut an. So schrieb der *GONG* beispielsweise:

"Es mag am Heimatort des Mainzer Senders liegen, dass man es beim ZDF mit dem Elften im Elften so genau nimmt... Die ewig Närrischen waren unter sich, freuten sich über Blasmusik, Marschmusik und ältere Witze. Erfrischend mittendrin

wirkten Adam und die Micky´s..."

Und die *OFFENBACH POST* moserte:

"...Auf einigen Wegstrecken kam gähnende Langeweile auf, unterstützt von plumpem Humor, über den auch nicht die hübschen Mädchenbeine, das bunte Bild und die schmissige Musik, besonders von Max Greger, hinweghalfen.

Apropos Musik: Adam und die Micky´s, bekanntes Trio aus dem Kreis Offenbach, bekamen verdienten und wohl auch den meisten Applaus. Unter dem Motto ´Pflegt die hessische Hausmusik" begeisterten Bandleader Dieter Adam, Gitarrist Norbert Lehr und Schlagzeuger Wolfgang Ott live mit einem 5-Minuten-Auftritt. Das Medium-Terzett stand ihnen aber nicht nach..."

**Die Ranzengarde gratuliert den Autoren
Dieter Adam/ Hans Podehl
Im Hintergrund die damaligen *Maledos***

Das Jahr 1972 wurde in Sachen *Narren nach Noten* unser erfolgreichstes. Nach der Fastnachtskampagne wurden wir Liederschreiber wieder von der Mainzer Ranzengarde aufgefordert, uns 'was Neues für das *Schlagerkonfetti 1973* einfallen zu lassen. Das ließen Hans und ich uns nicht zweimal sagen, setzten uns zusammen und brachten unsere göttlichen Eingebungen zu Papier, die wir dann im Studio Walldorf als Demo produzierten. Die Männertitel sangen der singende Busfahrer Gunther Seidt und ich, die Frauentitel eine gewisse Herlinde Grobe, die später unter dem Namen *Bianca* große Karriere in der Volksmusik gemacht hat.

Im August erreichte uns das ersehnte Schreiben der *Mainzer Ranzengarde*, dass wir diesmal mit insgesamt sechs Titeln in die Endausscheidung der besten zwölf gekommen waren. Es waren dies:

1. Mein lieber Herr Gesangverein (gesungen von den Maledos)
2. Komm her mit dei´m Schnüssje (gesungen von Margit Sponheimer)
3. Wenn am Aschemittwoch der Hahn erwacht (gesungen von Ellen Friese)
4. Man müsst ein bisschen jünger sein (gesungen von Maxl Graf)
5. Putz dei Träncher ab (gesungen von Lotti Krekel)
6. Rippe di Rippe di knoll (gesungen von mir - ohne die Micky´s)

Die Freude über diesen Teilerfolg war natürlich riesengroß! Auch, dass ich selbst diesmal eines der Lieder singen sollte! Unfassbar - und doch wahr! Ich platzte fast vor Stolz - und durfte doch gem. Teilnahmebedingungen vor der Fernsehsendung keinerlei Reklame dafür machen! Zumindest nicht öffentlich in Presse oder so! Mein Gott, war das nervend! Es brannte einem doch auf der Zunge, diesen Erfolg heraus zu schreien - und doch musste man das Maul halten! Ätzend!

Die Endausscheidung der besten zwölf Lieder wurde vom ZDF in Berlin aufgezeichnet. Also auf nach Berlin! Aber zuvor hatte ich noch eine andere Pflicht zu erledigen:

Unsere damalige Plattenfirma *TELDEC* hatte *Adam und die Micky´s* eingeladen, am Showprogramm anlässlich einer Tagung der Mutterfirma AEG-Telefunken am Königsee teilzunehmen. Das konnten wir unmöglich absagen. Das Dumme daran war nur, dass beides - Aufzeichnung der Endausscheidung und Tagung am Königsee - ungefähr zum selben Zeitpunkt stattfand. Die Lösung für dieses Problem war die:

Ich sollte mit meinen beiden Kollegen - das waren damals schon der Sukku und der Schorsch - einen VW-Bus mieten und samt unseren Instrumenten an den Königsee fahren. Ich glaube, mich erinnern zu können, dass auch Hans Podehl mitfuhr. Nach unserem Auftritt dort würde mich ein Firmenfahrer nach München zum Flughafen bringen, damit ich nach Berlin fliegen konnte.

So wurde es denn auch gemacht.

Der gemietete VW-Bus war nicht mehr der jüngste. Besonders bergauf hatte er bei der Hinfahrt schon seine liebe Mühe. Aber wir kamen immerhin wohlbehalten an unser Ziel. Bei der Heimfahrt - da war ich allerdings schon in Berlin - gab er schließlich seinen Geist auf, und meine beiden Kollegen samt Hans gelangten nur unter allerlei unangenehmen Umständen wieder nach Hause.

Unser Auftritt am Königsee dagegen war ein großer Erfolg. Neben uns traten auch noch Martin Mann (*Meilenweit muss ich gehn*) und Ulrich Roski auf. Roski war seinerzeit ein bekannter, viel im Radio gespielter Liedermacher, der oft mit Schobert und Black und Hannes Wader auftrat. Er ist leider 2003 viel zu früh an Krebs gestorben.

An diesem Abend aber haben wir gemeinsam ordentlich auf die Pauke gehauen. Es wurde sehr spät, und ich musste sehr früh raus. Und so ging es mir dann auch! Hundeelend! Mein Puls raste! Ich glaubte, sterben zu müssen! Selbst bei den Proben in Berlin noch! Aber ich überlebte!

Nach der Probe ging es dann schon wieder mit den Kollegen auf die Walz quer durch die Berliner Kneipen. Wer alles mitkam, weiß ich nicht mehr so genau, kann mich nur erinnern, dass Margit Sponheimer und die Maledos dabei waren. In irgendeiner Bar blieben wir schließlich hängen. Und weil da ein Flügel herumstand, gaben wir, angesäuselt, wie wir schon waren, ein Konzert. Ob wir gut oder schlecht waren, weiß ich nicht mehr. Lustig war´s auf jeden Fall.

Und ich weiß auch noch, dass ich des Magittsche küsse

wollt, als wir zu später Stunde gemeinsam im Hotelfahrstuhl zu unseren Zimmern hinauffuhren. Aber des Magittsche wollt net, was letztlich auch besser war, weil am nächsten Tag meine Gerlinde nachgeflogen kam. Ich weiß nicht, ob ich ihr unbeschwert in die Augen hätte sehen können, wenn des Magittsche gewollt hätt! Auch wenn wir damals noch nicht verheiratet, ja, noch nicht einmal verlobt waren. Und ich hätte Margit auch sicher nicht zu küssen versucht, wenn ich nicht

besoffen gewesen wäre, obwohl ich sie auch heute noch sehr verehre, weil sie ein ganz lieber Mensch ist!

Die Aufzeichnung der Endausscheidung *"Schlagerkonfetti 1973"* war keine große Sache. Das Bühnenbild stellte die Empfangshalle eines Hotels dar, an dessen Rezeption der dicke Jean Thomé saß, der sich als Stichwortgeber für den Moderator Peter Puder betätigte. Wir Mitwirkenden stellten die Gäste oder Angestellte des Hotels dar.

Mich hatten sie zum Koch gemacht mit weißer Jacke und Küchenutensilien in den Händen. Gesungen wurde, meine ich, weil ich auf den Bildern mit einem Mikro ausgestattet bin, live zum Halbplayback. Bei *Narren nach Noten* in Saarbrücken hängten sie mir auch noch eine Wurstkette mit echten Würsten um den Hals, die im Laufe der Proben und der Sendung leicht zu müffeln begannen.

Am Tag nach der Aufzeichnung sahen Gerlinde und ich uns Berlin an, besichtigten die Mauer und das Brandenburger Tor und gönnten uns auch einen Besuch im weltbekannten Café Kranzler. Viel mehr ist mir davon nicht in Erinnerung geblieben. Und was in der Nacht geschah, geht keinen etwas an!

Im Oktober traf das Ergebnis der Endausscheidung "Schlagerkonfetti 1973" bei uns ein:

1. Platz: Putz dei Träncher ab (Lotti Krekel)
2. Platz: Man müsst ein bisschen jünger sein (Maxl Graf)
3. Platz: Rippe di knoll (Dieter Adam)
4. Platz: Mein lieber Herr Gesangverein (Maledos)
5. Platz: Wenn am Aschermittwoch...(Ellen Friese)
9. Platz: Komm her mit deim Schnüssje (Margit Sponheimer)

Das war natürlich der Superhammer schlechthin! Platz eins bis fünf - und ich selbst als Sänger auch noch Platz drei! Es war schier unglaublich! Und prompt kam der Verdacht auf, hier wäre nicht alles mit rechten Dingen zugegangen. Der

GONG schrieb:

*"**Adam nach Noten** - Bei einem ZDF-Wettbewerb kamen von 190 eingesandten Titeln 6 Lieder eines Autors in die End- ausscheidung.*

Es scheint nicht alles mit rechten Dingen zugegangen zu sein bei der ZDF-Karnevals-Auftaktsendung ´Schlagerkon- fetti´. Bei den von Moderator Peter Puder vorgestellten zwölf Liedern stammten merkwürdigerweise sechs der Frohsinns- lieder vom gleichen Autor: Dieter Adam. Insgesamt 190 Schlager waren bei der Mainzer Ranzengarde, die als Jury fungierte, eingesandt worden - zehn davon von Dieter Adam. Neben Lotti Krekel, Maxl Graf, Ellen Friese, den Maledos und Margit Sponheimer trat der tüchtige Adam auch noch als Sänger eigener Werke in Erscheinung.

Die Zuschauer müssen nun bis zum nächsten Samstag entscheiden, welche der in ´Schlagerkonfetti´ vorgestellten zwölf Liedchen ihnen am besten gefallen haben. An sich - so die Spielregeln - entscheiden jetzt nur die in Mainz ein- gehenden Briefe über die Platzierung. Wie sie aussieht, erfährt das karnevalistisch interessierte Publikum dann am kommenden Samstag in der ZDF-Show Narren nach Noten.

Im ZDF gibt es intern allerdings schon heute ´todsichere´ Tipps: Lieder von Dieter Adam belegen mindestens die ersten beiden, wenn nicht sogar alle drei ersten Plätze. Ob dann alles mit rechten Dingen zugegangen ist, wird Mainz ganz sicher erklären können..."

Ich empfand diesen Artikel als absolute Frechheit, weil mir wirklich nichts von irgendeiner Schiebung bekannt war. Auch Hans Podehl und unser Musikverlag *Melodie der Welt* be- teuerten glaubhaft, keinerlei Manipulation betrieben zu haben. Also schrieb ich einen bitterbösen Brief an den *GONG*, in dem ich das klar zu stellen versuchte. Ich habe von dort nie eine Antwort bekommen. Vermutlich hat man mir nicht geglaubt. Was letztlich aber kaum von Bedeutung war und mir irgend- wann auch am verlängerten Rückgrat vorbeigegangen ist.

Für die Sendung *Narren nach Noten,* in der die drei Sieger-
titel dem Publikum präsentiert wurden, mussten wir nach
Saarbrücken und checkten in dem wunderschönen kleinen
Hotel *REGINE* ein. Wir - das waren Hans Podehl und seine
Frau Ellen, meine Gerlinde und ich.

Unser Zimmer war für Frischverliebte wie Gerlinde und mich
ein Traum! Bequemes französisches Bett, rundherum ver-
spiegelt, gemütliche Sitzmöbel, toll eingerichtetes Bad mit
allem Komfort, Bar - Herz, was begehrst du mehr. Und das
alles vom ZDF bezahlt!

Auch die Küche - der Hotelier war Franzose - vom Aller-
feinsten. Ich habe dort eine Bouillabaisse gegessen, wie ich
sie im ganzen Leben nie mehr bekommen habe. Und unsere
beiden Dicken - Hans Podehl und Jean Thomé - haben am
Abend vor der Sendung getafelt, dass einem das Wasser im
Mund zusammengelaufen ist:

Zuerst jeder eine Languste, lebend aus einem Aquarium
gefischt und frisch zubereitet, und dann jeder noch zwölf
Austern. Fragt nicht, was sie dafür haben hinblättern müssen.
Hans´ Frau Ellen hat nur verständnislos den Kopf geschüttelt
und ihrem Göttergatten später sicher einen Vortrag zum
Thema sinnlose Geldverschwendung gehalten. Was den
gemütlichen Feinschmecker aber kaum berührt haben dürfte.

Die Manipulationsvorwürfe im *GONG* und verschiedenen
anderen Zeitungen schienen bei den Verantwortlichen von
ZDF und *Mainzer Ranzengarde* doch eine nachhaltige Wir-
kung hinterlassen zu haben. Man traute sich nämlich nicht,
Hans und mir während der Sendung unsere Gold-, Silber- und
Bronzemedaillen zu überreichen. Auch unsere Namen als
Autoren der Siegertitel wurden nicht genannt. Ich bekam
lediglich eine Bronzemedaille als Sänger des drittplatzierten
Liedes *Rippe di Knoll.*

Unsere Autoren-Medaillen schob man uns morgens nach
dem Frühstück verstohlen an der Rezeption des Hotels zu.
Die *Hör zu* schrieb:

*"**Es gab nur einen Sieger** - Musikalisch steckt der Humor am Rhein zum Auftakt der Narrensaison 73 so sehr in der Sackgasse, dass er sich selbst im Fernsehen nur noch mit Notlügen verkaufen lässt.*

Daran ändert wenig, dass das ZDF pünktlich zum 11.11. in 'Narren nach Noten' mit Lotti Krekels munterem 'Putz die Tränen'-Liedchen einen neuen Karnevals-Hit kreierte. Darüber können auch die 20.000 Zuschauerbriefe nicht hinwegtäuschen, die außer ihr den Münchner Maxl Graf und einen Mann namens Adam zu neuen Schunkel-Lieblingen machten.

Was dem Publikum von 'Narren nach Noten' verschwiegen wurde: In Peter Puders Humorshow gab's in Wirklichkeit nur einen Sieger. Und der heißt Dieter Adam, ist Bankkaufmann und zu allem Narren-Übel weder aus Mainz noch aus Köln. Er allein nämlich hat zu allen drei preisgekrönten Karnevalsschlagern die Musik komponiert!

Peinlich genug, dass ZDF und Mainzer Ranzengarde dem Hessen mit der Ernst-Neger-Stimme die verdienten Siegesmedaillen statt auf dem Bildschirm über die Rezeption eines Saarbrücker Hotels zustellten..."

Und in der *OFFENBACH POST* konnte man lesen:

"Mit großem Aufwand an Menschen und Kosten erfolgte der Karnevalstart am 11.11. in der Saarlandhalle Saarbrücken. Das Rahmenprogramm von ´Narren nach Noten´ - der ZDF-Sendung, in der es um die Verkündung der Siegertitel aus dem Schlagerwettbewerb der Mainzer Ranzengarde geht - war in seinem folkloristischen, historischen Teil ausgezeichnet, das übrige Provinzvarieté. Das Witzigste jedoch: laut Peter Puder sollten die Autoren der Titel ausgezeichnet werden, die auf Grund der Publikumszuschriften nach ´Schlagerkonfetti´ auf die vordersten Plätze gekommen waren - bei der öffentlichen Veranstaltung wurden sie jedoch nicht einmal genannt.

Vielleicht hätte das auch Unwillen in der Schlagerwelt erregt, denn die ersten drei Karnevalslieder stammen von den gleichen Autoren: Dieter Adam (Mainflingen), der wenigstens als Interpret eine Bronzemedaille empfangen konnte, und Hans Podehl..."

Bild und Funk nörgelte:

"Ein paar Takte ursprünglicher, echter Fassenacht, etwa bei ´Rippe die knoll´, ein paar Takte Schwung, aber ebensoviel krampfhafte Mache. Narren in Nöten."

Sozusagen als Zugabe zu unserem grandiosen, von vielen allerdings geschmähten Erfolg bei *Narren nach Noten* lud die Ranzengarde *Adam und die Micky´s* zu ihrer großen Sitzung in der Rheingoldhalle in Mainz ein. Es war nicht nur eine große, es war eine vor allen Dingen sehr lange Sitzung, die wir mit unseren Frauen erleiden mussten; fast sieben Stunden! Unser Auftritt kam allerdings an.

"Das närrische Auditorium, wie Sitzungspräsident Alfons Möller das Publikum in der dicht besetzten Rheingoldhalle

nannte, verlangte stürmisch 'da capo'", schrieb die Mainzer Presse. "*Adam und die Micky's, bei der Ranzengarde längst zur Tradition gewordene Gäste aus der von der MRG mitbestrittenen Fernsehshow 'Narren nach Noten', hatten wieder einmal den Vogel abgeschossen. Nicht nur mit ihren diesmal gleich dreifach preisgekrönten Schlagern, sondern mit urkomisch-urwüchsigen Parodien auf Hits und Westernsongs. Da mussten die Kreiselspatzen mit ihrer teilweise auf sehr schwachen Füßen stehenden Schulstunde weit zurückbleiben.*"

Auch für das *Schlagerkonfetti 1974* schrieben Hans und ich wieder etliche Titel und kamen prompt wieder mit 6 Liedern in die Endausscheidung der besten 12. Diesmal passte man beim ZDF aber auf! Wir erreichten mit unserem *Jeder trägt sein Bündelchen,* gesungen von Lotti Krekel, nur einen 2. Platz. Die übrigen Lieder kamen auf die Plätze 5, 6, 7, 10 und 12.

de Babba im Schmoking

Die *OFFENBACH POST* schrieb damals:

"Wenn er sonst über die Mattscheibe flimmerte, erkannte man ihn sofort an Kostüm und Gesang als echten Hessen. Am Sonntagabend sah man Dieter Adam aus Mainflingen zum ersten Mal im Smoking auf dem Fernsehschirm, ohne dass er einen Piep sang oder sagte: In der Offenburger Rheingold-halle nahm er mit Hans Podehl (früher Obertshausen, jetzt Kahl) die Silbermedaille aus dem Wettbewerb ´Schlagerkon-fetti 74´ der Mainzer Ranzengarde in Empfang.

Wenn bei dieser Siegerehrung so ausdrücklich betont wurde, dass Adam und Podehl keine Unbekannten seien, spielte man wahrscheinlich darauf an, dass im Vorjahr fast alle Siegertitel von ihnen getextet und komponiert worden waren. Vielleicht hat man auch deshalb den Vorzug und das ´Gold´ Klaus Richter mit seinem vom Botho-Lukas-Chor dargebo-tenen - nunmehrigen Hit der begonnenen Narrensaison - ´Die Nacht ist sowieso im Eimer´ gegeben.

Aber als Bankfachmann und Numismatiker weiß Dieter Adam sehr gut, was heute Silber Wert ist..."

Die Ausbeute bei *Narren nach Noten*:

Gold: **1971 Junge Mädcher un en Sack voll Flöh**
                Maledos
        1973 Putz die Tränchen ab
                Lotti Krekel

Silber: 1973 Man müsst ein bisschen jünger sein
Maxl Graf
1974 Jeder trägt sein Bündelchen
Lotti Krekel

Bronze: 1973 Rippe di knoll
Dieter Adam
1973 Rippe di knoll - als Interpret

Narren nach Noten in Offenburg war die letzte Sendung dieser Art, die vom ZDF produziert wurde. Der Karnevalsschlagerwettbewerb *Schlagerkonfetti* wurde ersatzlos aus dem Programm gestrichen.

Es gab dann viele Jahre später noch mal eine vom HR produzierte Fernsehsendung *Grand Prix der guten Laune,* an der wir ebenfalls mit dem Titel *Husch, husch, husch - die Bimmelbahn* teilnahmen, aber davon erzähle ich später.

Beim *Grand Prix der guten Laune"* mit dem
Lied *Husch, husch, husch - die Bimmelbahn,*

Eine Fortsetzung von *Narren nach Noten* gab es jedenfalls nicht. Gerlinde hatte es kommen sehen. Sie hatte nämlich per Zufall mitbekommen, wie Moderator Peter Puder und ein paar ZDF-Verantwortliche über die Sendung lästerten. Sie hatte während der Proben an einem Tisch gesessen, auf dem ein kleiner Lautsprecher stand - und Peter Puders Mikro am Jackenrevers war dummerweise nicht ausgeschaltet gewesen. So hatte sie hören können, was gesprochen wurde. Das würde sich ja langsam zu einer Adam-Sendung entwickeln, wurde getuschelt, und ähnliche Boshaftigkeiten. Als man uns später einlud, uns die Sendung noch einmal gemeinsam in Mainz anzuschauen, waren sie dagegen wieder scheißfreundlich!

Und es gab noch ein weiteres Nachspiel nach der Sendung:

Ein gewisser Dietrich Ebel aus Offenbach, u.a. Texter des Komponisten Hubert Wolf, stellte beim Vorsitzenden des Schiedsgerichtes *"Schlagerkonfetti 1974"* den Antrag, unseren Titel zu disqualifizieren. Begründung:

"Sämtliche Titel des Komponisten Adam, von denen einige in die Endausscheidung kamen, wurden von Herrn Adam selbst auf das zum Wettbewerb eingereichte Tonband gesungen. Auch dies verstößt gegen die Bestimmungen, die (III, 5d) vorschreiben, dass der Gesang der Tonbandaufnahmen von keinem durch Schallplatte, Tonbandkassette, Hörfunk und Fernsehen bekannten Interpreten von Karnevalsliedern vorgetragen werden darf.

Herr Adam trat im vergangenen Jahr in der Sendung "Schlagerkonfetti 1973" und "Narren nach Noten" als Interpret von Karnevalsliedern auf und produziert mit eigenem Gesang seine Karnevalstitel bei der Plattenfirma TELDE. Auch hier liegt also eine Benachteiligung der übrigen Wettbewerbsteilnehmer vor..."

Ich wurde daraufhin vom Vorsitzenden des Schiedsgerichtes zu einer mündlichen Verhandlung in dessen Büro in Mainz geladen. Hier meine Antwort:

*Betr.: Schiedsgerichtssache "Ranzengarde"/D. Ebel am
23.11.1973*

Sehr geehrte Herr Dr. Kern,

*zu obiger Verhandlung kann ich leider nicht persönlich kommen, da ich nebenberuflich Musiker bin und an Wochenenden immer spiele, so auch an diesem Freitag.
Da aber nicht der Eindruck entstehen soll, ich möchte mich vor irgendeiner Entscheidung drücken, möchte ich Ihnen mit diesem Schreiben meinen Standpunkt klarmachen:*

1. Was soll - 14 Tage nach der Sendung - diese Verhandlung bezwecken? Wenn Herr Ebel auf meine Silbermedaille so großen Wert legt, bin ich gerne bereit, ihm eine nachmachen zu lassen. (es ist übrigens gar kein Silber und sie setzt nach ca. einem Jahr Rost an)

2. Ich betrachte mich keineswegs als "Karnevalssänger". Man kann doch von jemanden, der 1 x im Fernsehen Fastnachtsschlager gesungen hat nicht behaupten, er wäre ein durch Funk und Fernsehen bekannter Karnevalssänger. Meine bekanntesten Platten sind Parodien auf Tagesschlager, die das ganze Jahr über gespielt werden. Sind etwa die Travellers, die Moosacher, die Lisa Fitz Karnevalssänger?

3. Das Demoband zu unserem Titel "Jeder trägt sein Bündelchen", mit dem Lotti Krekel der 2. Platz belegte, wurde von einer Dame gesungen. Man möge das eingereichte Band abhören. Wenn man dieses Band mit einer meiner Schallplatten vergleicht, wird man kaum eine Ähnlichkeit in der Stimme feststellen. Auch der Titel, den Margit Sponheimer in der Vorentscheidung vortrug, wurde einwandfrei von einer Frau gesungen. Es war dies eine Dame des Robert-Pappert-Chors. Ich habe bei diesen Aufnahmen Klavier gespielt. Ich glaube aber

112

nicht, dass man mich an meinem Anschlag erkannt hat.

4. Bei den "männlichen" Aufnahmen wirkte der "singende Busfahrer" Gunther Seidt mit. Den Beleg für eine gesanglichen Bemühungen haben wir vorliegen. Ich habe ihm lediglich im Hintergrund etwas unter die Arme gegriffen.

5. Wie mir bekannt ist, wirken bei den Demoaufnahmen anderer Komponisten, so auch bei den Aufnahmen Hubert Wolfs, der Komponist von Herrn Ebel, bekannte Karnevalssänger mit, z.B. Karl Gross aus Obertshausen. Was dem einen recht ist, ist dem anderen billig, finde ich.

6. Laut Bestimmungen des Wellbewerbs ist es nicht gestattet, vor der Sendung Werbung für seinen Titel zu machen. Im vergangenen Jahr ist dies aber doch geschehen, und zwar mit einem Titel des Herrn Ebel und des Herrn Wolf: "Alle große können dürfen wie sie wollen."

Die Sendung der Vorentscheidung war am 30. September 1972. An eben diesem Tag erschien in der OFFENBACH POST ein großer Artikel über Herrn Wolf in dem zu lesen war, dass dieser an dem Karnevalsschlager-Wettbewerb teilgenommen hat und mit dem Titel "Alle Großen können dürfen wie sie wollen", in die Endausscheidung gekommen ist und dass er diesen Titel mit einem Kinderchor produziert hat.

7. würde es mich einmal interessieren, wie Herr Ebel überhaupt an die Information gelangt ist, ich hätte a l l e Titel selbst gesungen!? Ich denke, es ist ein geheimer Wettbewerb!? Wie kann ein Außenstehender denn dann erfahren, wer welche Titel geschrieben hat und wer gesungen hat. Ich meine, Herr Ebel sollte hier einmal die Karten offen auf den Tisch legen. Es erscheint mir doch äußerst seltsam, dass solche Informationen an andere Mitautoren gelangen! Wer

113

spielt denn hier mit gezinkten Karten?

8. Nach meinen Informationen müsste dann auch Frau Friese disqualifiziert werden: Wenige Tage nach der Vorentscheidung durch die Jury hat sie in einer großen Mainzer Zeitung ein Interview gegeben, in dem sie gesagt hat, dass sie mit ihrem Titel an dem Wettbewerb teilnimmt. Ich meine, wenn man will, könnte man fast hinter jedem Titel etwas entdecken.

Im Übrigen verspreche ich Ihnen: Wenn dieser Wettbewerb im nächsten Jahr noch einmal über die Bühne gehen sollte, lasse ich unsere Putzfrau und unseren Hausmeister der Bank singen, damit ich ja nicht mehr in den Verdacht irgendeiner Manipulation komme.

Ich würde mich freuen, wieder von Ihnen zu hören.

Mit freundlichen Grüßen

Am 27. November 1973 erreichte mich ein Brief des Schiedsgerichtes:

"Ich gebe Ihnen davon Kenntnis, dass in der Sitzung des Schiedsgerichtes vom 23.11.1973 nach eingehender Erörterung der Sach- und Rechtslage Herr Ebel seinen Antrag zurückgenommen hat, da bei dem jetzt vorliegenden Ergebnis dieses von einer Entscheidung des Schiedsgerichtes jedenfalls nicht betroffen werden würde."

Damit war die Sache erledigt. *Narren nach Noten* war nur noch Geschichte. Die sechs Medaillen - 2 Gold, 2 Silber, 2 Bronze - hängen heute in meinem Büro und setzen Patina an.

Ein Hinweis für eventuelle Einbrecher: Es lohnt sich nicht, die Dinger zu klauen! Weder die Gold- noch die Silbermedaillen sind echt! Sie haben lediglich einen ideellen Wert.

MIR MACHE DES BISSIE JETZT ERST MAL SELBER

Nachdem wir uns 1977 von Hans Podehl getrennt hatten, ließ uns unsere Plattenfirma, die *TELDEC*, wissen, dass sie bereit war, die Zusammenarbeit mit uns auch ohne Podehl fortzusetzen. Also produzierten wir nach der *Alice,* die wir schon in Eigenregie aufgenommen hatten, in November die Single *Warum nimmst du nicht endlich die Pill (Lucille)* mit der Rückseite *Die Gaas (Belfast)* - oder umgekehrt -, und machten uns danach schnell an eine neue Doppel-LP mit dem Titel *Mischmasch,* die am 20. Dezember zur *TELDEC* nach Hamburg ging.

Mit *Mischmasch* war uns eine Produktion gelungen, die viele Titel enthielt, die später fast zu einer Art Legende wurden, und sogar in der *Hör zu* als Neuerscheinung besprochen wurde. Einige Songs wurden noch nach Jahren bei unseren Konzerten ständig gewünscht und mitgegrölt. Den einen oder anderen findet man heute noch bei *youtube* und dort mit einer erstaunlichen Anzahl an Klicks.

Da wären, um nur ein paar zu nennen, *Die Gaas,* eine Parodie auf *Belfast* von *Boney M.* oder - von der gleichen Gruppe - *Fraa Becker (Ma Baker).* *Oh weh - die Oma backt uns heut e Pizza (Funiculi - Funicula)* wollten sie immer wieder hören und auch *Warum nimmst du nicht endlich die Pill,* den Kenny Rogers Titel *Lucille.*

Im Wagen vor mir fährt so´n alter Simpel war DER Renner schlechthin. Nicht nur, dass diese Geschichte, in der ein Frankfurter hinter einem Offenbacher im Auto herfährt, ständig im Hessischen Rundfunk zu hören war, nein, der Song kam auch auf den Sampler *Blödelhits* von K-tel, auf dem solche Größen wie Rudi Carell, Mike Krüger, Helga Feddersen, Gebrüder Blattschuss, Frank Zander u.v.a. zu hören waren und über 600.000 Stück verkaufte. Allerdings mussten wir dafür mit der Hälfte unserer sonstigen Lizenz einverstanden sein, was wir gern waren. Aber die meiste Kohle hat natürlich der Originaltexter und - komponist Hans Blum *(Henry Valentino)* verdient. 11/12. Ich nur 1/12.

Für die Titel *Ich kann net jodeln* und *Mädche, rück näher* holte ich mir drei Leihmusiker ins Studio nach Walldorf, mit denen wir zu den *Original Äppelwoikrainern* wurden und sogar einen Fernsehauftritt in einer Maria-Hellwig-Sendung hatten. Ich meine, es wäre *Fahrt ins Blaue* gewesen. Und sie lachte sich über meine Jodel-Versuche halbtot und zeigte mir, wie man´s besser macht.

Die Äppelwoikrainer bei Maria Hellwig

(von links) Schorsch, ich, Sukku, Joe Winter (von der früheren Gruppe "Colorado Showband") Heinz Krell (vom Blauen-Bock-Ensemble)

Meine Kollegen von der Volksbank Hausen, die unter Leitung meines Nachbarn Helmut Krämer aus der Mainflinger Ludwigstraße einen kleinen Betriebschor gegründet hatten, spannte ich für den Titel *Ich brauch jetzt schnell ein kühles Bier (Amazing Grace)* ein, wodurch wir allein bei der Bank nebst allen Zweigstellen an die 100 LP´s verkauften. (*das entsprechende Bild hatten wir schon weiter vorne*)

Eine ganz besondere Ehre widerfuhr dem Titel *Adele,* den - warum auch immer - James Last mit seinem Orchester innerhalb seines Stimmungsmedleys *"Sing mit - ...und ab geht die Feuerwehr!"* aufnahm. Ich glaubte, nicht richtig zu hören, als mir das Lied eines Nachts aus dem Radio entgegen klang und der James-Last-Chor sogar ein bisschen hessisch sang. Und GEMA-Abrechnungsmäßig gelohnt hat sich´s auch. Leider hat J.L. nie wieder ein Lied von mir aufgenommen!

Obwohl wir letztlich über 12.000 Doppel-LPs verkauften, schien ich, was ein Brief vom 10.07.1978 an die *TELDEC* beweist, nicht so recht mit dem Vertrieb zufrieden gewesen zu sein:

"... für teures Telefongeld diskutiere ich mit Herrn Stenzel (Anm.: der für uns zuständige Mann bei Teldec Hamburg) Vertriebsmöglichkeiten für unsere neue LP durch. Ich schreibe persönlich an Rundfunkanstalten, fahre hin und stelle die Platte vor. Wir werben auf der Bühne dafür und verkaufen recht ordentlich (innerhalb 3 Monaten fast 500 LP und über 100 MC). Von unserer Seite wird also alles getan.

Nun passiert es uns fast wöchentlich, dass wir angesprochen werden - oder auch angeschrieben: Wo gibt es eure Platte zu kaufen? Wir waren in -zig Läden, die wussten nicht mal, dass es eine neue LP gibt. Und das bei uns in Hessen!

Der dickste Hund ist uns aber an diesem Wochenende passiert: Wir werden von TELDEC an den Großabnehmer WARREN vermittelt, um mit diesem Supermärkte abzuklappern. Diesmal - das erste Mal - ging es nach Limburg. Wir gondeln um 8 Uhr am Morgen hin und was ist? WARREN hat **kein Stück** *unserer neuen LP da und man weiß nicht mal, dass es sie überhaupt gibt! Ich habe aus meinem eigenen Bestand 28 LP und 10 Kassetten liefern können, damit wir wenigstens etwas zum Vorstellen hatten. Diese wurden denn auch innerhalb einer Stunde verkauft...*

...Was nützt mir eine LP, die nicht mal die Produktionskosten einspielt? Dass es nicht an der Produktion selbst liegt, wird mir von allen Seiten bestätigt. Wenn einer das Glück hat, einmal eine Platte von uns zu bekommen, ist er davon begeistert. Allerdings muss er dazu große Wege hinter sich bringen und nach Möglichkeit eine Veranstaltung mit uns besuchen, damit er auch wirklich eine bekommt. . ."

Herr Steike von der Vertriebsleitung Inland der *TELDEC*

schrieb zurück:

"Sie haben recht, das muss anders und besser werden, und gemeinsam werden wir auch sicher die richtige Lösung finden."

So richtig gebessert hat sich eigentlich nie etwas. Schon beim nächsten Supermarktauftritt mit der Firma *WARREN* war wieder keine Platte vorhanden. Und auch in anderen Läden war und blieb es stets etwas umständlich, Tonträger von uns zu bekommen. Trotzdem haben wir 1979 auch die nächste Doppel-LP *Ich möcht so gern den Adam hörn* wieder bei *TELDEC* herausgebracht.

Auch diese Platte enthielt wieder zahlreiche Lieder, die später zu einer Art Kult im Zusammenhang mit *AudM* wurden. Ganz besonders natürlich *Quellkartoffel un Dupp Dupp*, das bei *youtube*, als diese Zeilen geschrieben wurden, nahezu 800.000 Klicks erreicht hatte. Ich frage mich immer wieder, warum? Sooo stark ist diese Aufnahme nun auch wieder nicht.

Diesmal holte ich für zwei Titel meine erste Band aus der Jugendzeit, die legendären *Sugar Foot Stompers,* ins Studio nach Walldorf. Sie spielten zusammen mit mir den *Beese-Buwe-Dixie* und *Marie* ein. Später produzierten wir dann noch die *Fraa Rauscher* zusammen. Kurz darauf starb Jörn Hasselbaum, der Klarinettist und Chef der Band. Und die *Sugar Foot Stompers* spielten, wie das in New Orleans üblich ist, bei seiner Beerdigung den Blues, was ziemlich an die Nieren ging.

Die Sugar Foot Stompers. 2. von links Jörn Hasselbaum
(schlechtes Foto - aus der Zeitung gescannt)

1980 hatte ich die tödliche Idee, eine Hessen-LP zu produzieren, die vom Frankfurter Vertriebschef der *TELDEC,* Gotthard Fürstenfelder, lebhaft unterstützt wurde. Er prophezeite riesige Verkaufserfolge für das Werk - und ich Depp glaubte ihm und ging die Sache an.

Zunächst wandte ich mich an etliche hessische Künstler, um zu hören, ob sie überhaupt bereit wären, bei einer solchen Produktion mitzumachen. Ich sprach mit so bekannten Persönlichkeiten wie Lia Wöhr, Liesel Christ, Reno Nonsens, Gaby Reichardt, Carl Gross, Ossi Trogger u.v.a. Leider vergaß ich Heinz Schenk anzurufen, weil ich mich über ihn geärgert hatte. *(siehe weiter vorn unter Blauer Bock)* Er vergalt es mir, indem er mich künftig auch ignorierte. Die anderen waren von meiner Idee sehr angetan.

Den Titelsong *So klingt´s bei uns in Hessen* schrieb ich zusammen mit den Produzenten der *Fidelen Offenbacher,* die auch Produzenten von *Pat und Paul* aus dem schönen Norden waren. Die übrigen 23 Titel stammten zum größten Teil von mir oder von den beteiligten Künstlern selbst, Lieder wie die *Fraa Rauscher, Dehaam is dehaam* oder *Des Sachsehäuser Settche* waren praktisch Frankfurter Volkslieder.

Um dem Werk den richtigen Sound zu verpassen, ließ ich Hermann Sattler für die meisten Lieder und viel Geld ein Orchester-Arrangement schreiben. Die Playbacks der *Micky-* und *Sugar Foot Stompers*-Titel spielten wir selbst ein, die der *Äppelwoikrainer* waren ja schon fertig. Und dann ging´s ins

Studio.

mit den Hessen-Künstlern im Studio Walldorf - u.a. mit Lia Wöhr, Gaby Reichardt, Benny Maro, Carl Gross, Fidele Offenbacher

"Dehaam is dehaam" mit Liesel Christ

"Mer derf gar net soviel denke" singt Lia Wöhr

Langer Rede kurzer Sinn:
Es wurde eine sehr schöne Doppel-LP, die mich ca. DM 25.000,-- kostete, für die ich einen Kredit aufnahm. Entgegen den Prognosen von Herrn Fürstenfelder spielte sie nur einen Bruchteil der Produktionskosten ein. Selbst als wir sie in gekürzter Fassung als einfache LP mit dem Titel *Dehaam is dehaam* bei *Koch Records* noch einmal herausbrachten, deckten die Einnahmen niemals die Ausgaben. In Fachkreisen nennt man so etwas schlicht und ergreifend Flop. Ich würde es sogar einen Doppelflop nennen!

Eigentlich hatte ich nach dieser Pleite vom Platten produzieren die Nase so ziemlich voll. Das muss ich den Verantwortlichen bei *TELDEC* auch deutlich gesagt haben, denn im Oktober 1981 wurde ich zu einem persönlichen Gespräch nach Hamburg eingeladen. Sogar das Flugticket bezahlten sie mir. Und das kam dabei heraus:

"... wir bedanken uns für Ihren Besuch und fassen der guten Ordnung halber die besprochenen Punkte zusammen:

1) Sie produzieren für TELDEC innerhalb der nächsten Wochen ein neues Doppel-Album.

2) TELDEC übernimmt für dieses Doppel-Album die Produktionskosten bis maximal DM 10.000,-- (zahlbar nach Produktion, aber nicht vor dem 1. Januar 1982).

3) Als Lizenz . . .(Anm.: geht niemand was an)

4) Wir bemühen uns das Doppel-Album noch im Januar 1982 zu veröffentlichen.

5) Die Hüllengestaltung dafür wird mit Ihnen abgestimmt bzw. Sie machen uns Vorschläge.

6) Wir veröffentlichen eine Promotion-Single mit dem Hinweis auf das Doppel-Album. Alle weiteren Punkte bzw. Details bitten wir Sie mit dem Rechtsunterzeichnenden zu besprechen . . . "

Der Rechtsunterzeichnende hieß Herbert Müller und hatte den für uns lange Jahre bei *TELDEC* Hamburg zuständigen Heinz-Holm Stenzel abgelöst. Mit ihm (*Müller*) war ich seit meinem Hamburgbesuch per Du, aber viel gebracht hat das nicht, wie man bald sehen wird.

Die Promotion-Single, von der oben die Rede ist, war eines meiner besten Lieder, das ich je geschrieben habe: *Macht die Welt net kaputt.* Dazu inspiriert hatte mich der Riesenärger, den es wegen der Startbahn West in Frankfurt gegeben hatte, aber auch das unverantwortliche Vorhaben, im Mainflinger Wald in einer früheren Kiesgrube eine Giftmülldeponie errichten zu wollen. Was inzwischen nach heftigem Widerstand der Bevölkerung allerdings abgeschmettert worden war. Der Refrain des Liedes ging (und geht immer noch) so:

"Macht die Welt net kaputt, dazu is se zu schee,
lasst den Kindern dieser Erde eine Chance.
Legt die Welt net in Schutt und fangt an euch zu verstehn,
lasst die Erd sich noch e bissie weiterdrehn."

Als wir das Werk im Studio Walldorf aufnahmen, meinte der Toningenieur, der Song würde förmlich nach einem Kinderchor schreien. Womit er unbedingt Recht hatte. Aber woher sollten wir einen Kinderchor nehmen und nicht stehlen? Der war schließlich nicht eingeplant und im Etat auch gar nicht drin.

"Da haben wir ihn doch!", meinte der Tonmeister, als meine Frau mit den Kindern gerade zur Tür hereinkam, um meinen Ablegern mal zu zeigen, wie mühselig der Babba sein Geld verdiente.

"Kinderchor?", lachte ich. "Ein Zweijähriger, der noch nicht gescheit babbeln kann und eine Fünfjährige, die das Lied noch nie gehört hat? Meine Frau wirst du wohl nicht meinen."

Wir diskutierten hin und her und kamen schließlich überein, es wenigstens mal mit Cathrin zu versuchen. Gerlinde zog sich mit ihr in die Küche zurück, um ihr den Text einzubläuen,

und ich setzte mich danach mit ihr an den Flügel und brachte ihr die Melodie bei. Und siehe da:

Mein kleines Mädchen machte ihre Sache gar nicht schlecht. Nach nur wenigen Wiederholungen hatten wir das Ding im Kasten. Es wurde, nicht vom Verkauf her, aber durch seine zahlreichen Rundfunkeinsätze, sogar ein kleiner Hit. Selbst heute, nach über dreißig Jahren, wird es immer mal wieder bei Wunschsendungen angefordert. Oder auch bei unseren öffentlichen Auftritten wünschte man es sich. Es wäre aktueller denn je, wurde und wird mir dann immer versichert. Nun ja, wenn man die Nachrichten hört...!

Ich habe diese Platte damals u.a. an den Bundeskanzler Helmut Schmidt und den Staatsratsvorsitzenden der DDR

Erich Honecker geschickt und erhielt sogar Antwort. Nicht von den beiden Herren persönlich, aber doch von ihrer jeweiligen Kanzlei. Das Bundeskanzleramt schrieb:

"...der Herr Bundeskanzler hat mich beauftragt, Ihnen für Ihr Schreiben vom 31. März 1982 und die Schallplatte recht herzlich zu danken. Das Motto dieser Platte wird ihm - wie bisher - Mahnung und Verpflichtung sein."

Die Dienststelle des Staatsrates ließ mich wissen:

"Wir danken Ihnen für Ihre an den Vorsitzenden des Staatsrates der DDR gerichtete Zuschrift und bedanken uns auch für die Übersendung Ihrer Schallplatte.

Ihre Anfrage nach den Möglichkeiten eines Auftretens Ihrer Gruppe in der DDR haben wir an die Künstleragentur der DDR weitergeleitet, die Ihnen nach Prüfung ihrer Möglichkeiten Bescheid geben wird."

Auf diesen Bescheid warte ich noch heute, hatte aber seit meinem Brief an Honecker immer das dumme Gefühl, dass unser Telefon überwacht wurde. Vielleicht habe ich mich aber auch getäuscht.

Ich machte später, als Cathrin älter war, noch eine Aufnahme mit ihr. *Mit Schnaps löst man keine Probleme* hieß das Lied und behandelte, wie der Titel schon sagt, auch ein ernstes Problem. Aber Sängerin wollte mein kleines Mädchen daraufhin nicht werden. Sie hatte es mehr mit dem Tanzen. Das - zuerst den Jazztanz - lernte sie ab 1982 bei Aenne Meyer in Hainburg, wechselte aber ab 1983 innerhalb der gleichen Tanzschule zum klassischen Ballett.

Aber zurück zur geplanten Doppel-LP:

Ich nannte sie *Babbelkonzert*. Für das Cover war erstmals Gerold Como zuständig, der Sukku, Schorsch und mich nach meinen Vorstellungen auf Sockeln stehend als Marmorbüsten zeichnete, auf der Cover-Rückseite dasselbe von hinten. Die Platte selbst enthielt neben vielen Hitparodien ein paar Country-Titel, für die Red Saxon gekonnt die Pedal-Steel-Guitar spielte.

Red Saxon, en echte Frankforter Bub, der eigentlich ganz anders hieß, war Chef der Country-Truppe *Drifters Caravan*, der Begleitband des legendären Dave Dudley, wenn dieser auf Deutschlandtour war. Ich durfte ihn bei einem gemeinsamen Konzert von Dave und *Drifters Caravan* kennen lernen, und er küsste mich sogar, als Red ihm erklärte, wer ich war. Aber da hatte er schon einige Whisky intus. Ich fühlte mich trotzdem gebauchpinselt.

Red war auch dabei, als wir in Mannheim beim Marlboro-Nachwuchs-Country-Festival (!!!) auftraten, für das ich mich spaßhalber mit ein paar unserer Country-Titel beworben hatte und tatsächlich in die Vorentscheidung gekommen

Dave Dudley mit Drifters Caravan ´

war. Ins *Endspiel* nach Frankfurt schafften wir es leider nicht. Man bescheinigte uns zwar, dass wir toll gespielt hätten, aber durch unseren Dialekt halt zu lustig. Und das mochten die echten Country-Freaks dann doch nicht. Aber wir wurden nicht Letzter! Das wurde eine Band, die mehr Hardrock denn Country bot, und bei der die Zuhörer reihenweise den Saal verließen. Bei uns waren sie wenigstens geblieben, hatten geschmunzelt, aber nicht für uns abgestimmt.

Babbelkonzert war die letzte Platte, die ich für *TELDEC* produzierte. Obwohl sie gut gemacht war, riss ihr Verkauf keinen vom Hocker. Am 6. Oktober 1982 erreichte mich folgender Brief unserer Plattenfirma:

"*...wir möchten Sie rechtzeitig darüber informieren, dass wir zunächst keine weiteren Bandübernahmen von Adam und die Micky´s beabsichtigen. Bitte fassen Sie diese Entscheidung nicht als Bewertung Ihrer künstlerischen Leistung auf, grund-*

128

sätzliche Überlegungen zwingen uns zu einer Straffung der Veröffentlichungs-Politik.

Babbelkonzert - unsere letzte für TELDEC produzierte Doppel-LP

Wir bedanken uns für die gute Zusammenarbeit und wünschen Ihnen und Ihren Kollegen alles Gute für die Zukunft."
Ich schrieb zurück:
"Sehr geehrter Herr Müller,
des Briefes vom 6. Oktober 1982 hätte es nicht bedurft, denn ich hatte ohnehin nicht die Absicht, nach dem riesigen Verkaufserfolg meiner Doppel-LP Babbelkonzert noch einmal eine Platte bei TELDEC herauszubringen. Da könnte ich mein Geld auch gleich an das Rote Kreuz überweisen. Trotzdem tut es irgendwie weh, nach vierzehn Jahren relativ guter Zusammenarbeit auf diese Art und Weise abgefertigt zu werden. Der Mohr hat seine Schuldigkeit getan...!
Adam und die Micky´s gehen deshalb nicht ein. Im Gegen-

teil. *Wir machen weiter - auch Platten. Wenn es sein muss, auf einem eigenen Label...*

Unser Plattenverkauf hat nachgelassen. Erheblich nachgelassen. Das lag aber gewiss nicht an der Qualität der Aufnahmen und der Auswahl der Titel. Wenn Sie unsere früheren Aufnahmen mit den heutigen vergleichen, werden Sie sicherlich einen gewaltigen Unterschied feststellen. Das wurde mir von Funk, von der Presse und in erster Linie von meinem Publikum bestätigt. Und eben dieses Publikum ist es, was mich stutzig werden lässt:

Fast täglich bekomme ich Post von Leuten, die meine Platten kaufen wollen und nicht können, weil sie einfach nicht vorhanden sind. Mir ist bekannt, dass viele Kaufhäuser nur noch Platten hereinnehmen, die Funk beworben sind. ICH habe alles unternommen, um meine Platten Funk beworben zu machen. Von TELDEC ist in dieser Hinsicht nichts passiert. Ich warte heute noch auf eine Antwort von Herrn Nebe oder Frau Münch. (Anm.: Bei TELDEC für die Promotion zuständig) Und was hat man mir seinerzeit in Hamburg alles versprochen! Nichts ist geschehen! Gar nichts! Aber so war es bei mir von Anfang an:

Man hat diese Hessen in Hamburg niemals so richtig ernst genommen. Wir können nun mal nicht jodeln! Man war nur ziemlich überrascht, wie viele Platten diese Schlappmäuler verkaufen - ohne irgendeine Werbung seitens der Firma Teldec. Mit süßsaurem Lächeln musste man uns eine Goldene überreichen. Es schien mir damals so, als sei es gewissen Herren fast peinlich, dies tun zu müssen.

Ich bin nach wie vor davon überzeugt, dass wir mit Hilfe unserer Firma heute ganz anders dastehen würden. Aber gerade an dieser Unterstützung hat es immer gemangelt. Wenn ich dann sehe, dass von der Gruppe UKW in jeder Ausgabe des Musikmarktes eine Single beigelegt wird, kommen mir fast die Tränen. Mit dieser Unterstützung komme ich auch in die Hitparaden. Für uns hatte man nicht mal ein Plakat übrig, was gerade bei der Hessen-LP sehr wichtig gewesen wäre. Oder mal eine Anzeige im Musikmarkt. Nichts dergleichen.

Ich hätte schon viel früher einen Schlussstrich ziehen sollen. Dann wären mir einige tausend Mark erspart geblieben. Aber ich habe mich halt immer wieder beschwatzen lassen und wollte außerdem meiner Plattenfirma gerne die Treue halten - nach so vielen Jahren.

So, das musste noch einmal gesagt werden. Jetzt darf auch ich mich von Ihnen verabschieden und hoffe von ganzem Herzen, dass Sie mit der Straffung Ihrer Veröffentlichungs-Politik nicht auf den Hintern fallen. Ich jedenfalls weiß, dass es mit uns weitergeht. Sie werden noch von uns hören."

Das hat Herr Müller dann auch, weil ich ihm unsere neueste Platte später schickte. Aber während es uns danach mehr oder weniger immer noch eine Weile gab, gibt es die *TELDEC* schon lange nicht mehr. Deshalb bereitete es auch keine große Mühe, unsere alten Titeln auf Samplern neu zu veröffentlichen. Es gab niemand mehr, der widersprechen hätte können. Aber davon später.

Wir brauchen neue Autogrammbilder und lassen uns abfotografieren

... de Adam,

de Sukku

un de Schorsch

Auf dem Weg zur Runkelroiwe...

Etwas schwerer gestaltete sich die Suche nach einer neuen Plattenfirma. Entgegen meinen Vermutungen schien keiner auf uns gewartet zu haben und es hagelte Absagen. Bis ich eines Tages in der *OFFENBACH POST* von einem jungen Mann namens Bernd Gruber und seiner kleinen Plattenfirma *ROCKPORT* las, der gerade eine einheimische Gruppe mit dem Namen *Rodgau Monotones* produziert hatte und damit sehr erfolgreich war. Den rief ich an.

Das Büro des Herrn Gruber - oder wie auch immer man den Saustall nennen sollte - glich meinem, war nur etwas größer. Die gleiche Unordnung auf dem Schreibtisch und auf dem Fußboden ringsumher. Volle Aschenbecher, Schallplatten, Tonbänder, Aktenordner - mit einem Wort: Chaos!

Bernd Gruber selbst war ein Mann um die dreißig, langhaarig, Brillenträger. hochdeutsch sprechend, lässig gekleidet. Genauso hatte ich mir meinen neuen Plattenproduzenten vorgestellt. "Das wird nix", war denn auch mein erster Gedanke.

Bernd Gruber - ein paar Tage später

Auch Bernd Gruber schien anfangs nicht so recht zu wissen, was er mit einem wie mir anfangen sollte. Und mit meiner Musik schon mal gar nicht. Seine bevorzugte Musik war Rock, Hardrock & Co. Was ich machte, grenzte ja fast schon an Volksmusik. Der Herr behüte mich!

133

Wir führten trotzdem ein gutes Gespräch miteinander, ließen meine Platten, die ich mitgebracht hatte, laufen und soffen in rauen Mengen Cognac dazu. Mit jedem Glas gefiel ihm meine Musik besser. Nach der zweiten Flasche waren wir uns einig, dass wir künftig zusammenarbeiten wollten.

Unsere erste LP, die wir 1983 zusammen produzierten, nannte sich . . . *uff's Maul geguckt* und war ganz anders als das, was *AudM* bis jetzt herausgebracht hatten.

Das ließen wir auch etliche Redakteure wissen, die mittels Rundschreiben benachrichtigt wurden:

"Da wird manchem gestandenen Redakteur eine Gänsehaut den Rücken hinunterlaufen und mancher gestandene Rocker wird sich verblüfft die Augen reiben:

ADAM UND DIE MICKY'S sind jetzt bei jener kleinen Offenbacher Firma, bei der die rockigsten der hessischen Rockbands beheimatet sind: Rodgau Monotones, Hired Help

Band, Flatsch usw. Ja, sind die bei Rockport denn verrückt geworden? Passt denen eine Band ins Konzept, die fünfzehn Jahre lang auf der Stimmungswelle geritten ist, die fast jeden gängigen Tagesschlager veräppelt hat und die laut Atze vom Hessischen Rundfunk immer in der Nähe eines Hühnerstalls produziert hat.

Offenbar ja, denn Micky-Boss ADAM hat sich darauf besonnen, dass er eigentlich mehr kann als zu Melodien anderer Leute lustige Texte zu schreiben und Humba-Tätärä-Laune zu verbreiten. Kurz vorm Rentenalter ist er in sich gegangen, hat endlich mal Nummern konzipiert, die er eigentlich schon immer mal hatte schreiben wollen (aber leider nie durfte) und vorliegende LP produziert. . . "

Aufgenommen wurde die Platte in einem Studio in Jügesheim, Toningenieur war der Besitzer des Studios Hanns Schmidt-Theißen, der selbst ein sehr guter Musiker war und auf dem Korg Polysix den Bass einspielte. Die Gitarre steuerte als Studiomusiker Norbert Schneider aus Mainflingen bei. Das Schlagzeug wurde erstmals bei einer unserer Platten vom Computer erzeugt und später auch nicht von einem richtigen Schlagzeuger überspielt. Was mich damals begeisterte, weil es ziemlich echt klang und heute ärgert, weil es eben doch nur *ziemlich echt* war. Bei der zweiten Platte für *Rockport* haben wir dann schon wieder einen richtigen Drummer - und zwar einen sehr guten - trommeln lassen, weil Sukku es einfach nicht schaffte, punktgenau auf dem Takt zu bleiben. Die *Micky´s* kamen von da an nur noch zum Chor singen ins Studio. Bei den letzten CDs selbst das nicht mehr.

Vom Verkauf her wurde die Platte kein Riesenerfolg, hatte aber gute Rundfunk- und sogar zwei Fernseheinsätze. *So beginnt bei uns en Morje,* dessen Text von meinem Kegelbruder Erich Kratz *(Oliver Dillon)* stammte, wurde vom HR morgens ständig gedudelt. Mit *Mädche* waren wir im Südwestfunk-Fernsehen und das war lustig, weil sie mir ein Mädchen zum Anhimmeln neben die Orgel gesetzt hatte, das

135

immer demonstrativ zur Seite blickte, wenn ich sie *anhimmeln* wollte. Mit *Dicke derfe nie zum Heck* war ich ebenfalls beim SWF und zwar in Mainz und allein, weil die anderen aus beruflichen Gründen nicht konnten. Ob wir durch diese TV-Sendungen auch nur eine Platte mehr verkauften, wage ich zu bezweifeln.

Auch nicht wegen unseres Auftrittes im *Sonntagskonzert* des ZDF anlässlich des 25. Hessentages vor dem historischen Rathaus in Alsfeld. Da sangen wir allerdings auch keine Lieder von uns, sondern zusammen mit Carl Gross alte Frankfurter Lieder wie *Die Fraa Rauscher, Siehste net die Säu im Garte* oder *Es steht e Wertshaus bei uns dehaam.*

Genau um diesen Verkauf ging es aber, als wir 1985 eine zweite LP herausbringen wollten. *Rockport* selbst hatte gar nicht (mehr) den Vertrieb, um eine Platte erfolgreich zu machen. Da musste etwas Größeres mit bundes- zumindest aber landesweiten Verbindungen her. Das hat Bernd bei späteren Produktionen dann auch immer gemacht. Jetzt kam es erst einmal zu Auseinandersetzungen deswegen. Lassen wir dazu einen Brief sprechen, den ich am 7. März 1986 an meinen Rechtsberater Winfried Burkard geschrieben habe:

"...

*1. Der Vertrag (mit Rockport) wurde 1983 für **ein** Jahr abgeschlossen.*

2. Rockport hat die Option für 1984 ausgesprochen. Die Platte wurde von mir nicht abgeliefert, da keine zugkräftigen Titel vorlagen. Rockport hat keinen Einspruch dagegen angemeldet.

3. Im Spätherbst 1984 bot ich Rockport den Titel "Hallo, Mr. Flick" als Single an. Er wurde für gut befunden, ich nahm ihn auf. Auf Platte erschienen ist er bis jetzt nicht. Man hatte Angst vor dem Thema.

4. Daraufhin bat ich mehrmals, mich aus dem Vertrag zu entbinden, da ich inzwischen ein Angebot der Fa. Koch Records hatte. Herr Gruber ging nicht darauf ein. Er ging mit seiner Firma in den Vertrieb von EMI Electrola. Diese Firma hatte uns einige Zeit zuvor schon einmal abgelehnt.

5. Im Oktober nahm ich eine neue LP auf, die sehr gut wurde.(Anm.: Rauh, aber herzlich) Herr Gruber bot sie seiner Vertriebsfirma EMI an, diese lehnte ab. Gleichzeitig sprach ich mit Direktor Koch von Koch Records. Dieser zeigte sich begeistert von der neuen LP und erklärte sich bereit, sie umgehend herauszubringen. Dies teilte ich Herrn Gruber mit, worauf er Verhandlungen mit Koch Records aufnahm, aber konditionsmäßig nicht mit ihr einig wurde. Meiner Ansicht nach waren die Forderungen, die Herr Gruber an Koch stellte, unrealistisch.

Pressetermin in meinem Kellerbüro in meinem Haus in der Mainflinger Ludwigstraße

6. Inzwischen hat Herr Gruber lt. eigener Aussage die Platte mehreren Firmen angeboten. Keiner (außer Koch) wollte sie. Die Fastnacht ist vergangen, einige Titel sind unaktuell geworden. Ich müsste also z. T. neue Aufnahmen machen.

Lieber Winfried, erkunde, wie ich aus diesem Vertrag rauskomme. Ich bleibe bei meinem Angebot: Entweder übernehme ich die Produktion und zahle Herrn Gruber aus, oder Herr Gruber bleibt Produzent, geht auf die Bedingungen von Koch ein und erhält von den fälligen Lizenzzahlungen zunächst seine Auslagen ersetzt, wonach dann erst geteilt wird. Wie der Prozentsatz dieser Teilung aussieht, müsste neu verhandelt werden..."

Tatsache war, dass ich während eines Pfronten-Urlaubs im Oktober 1985 zusammen mit Gerlinde nach Elbigenalp im Lechtal gefahren, wo die Firma *Koch Records* damals ihren Firmensitz hatte. Dort waren wir vom Chef der Plattenfirma persönlich empfangen worden, und ich hatte ein langes, gutes Gespräch mit ihm geführt, in dem es um die Zukunft von *AudM*, aber auch um eine Neuauflage des *Teldec*-Flops *So klingt´s bei uns in Hessen* gegangen war. Nachdem uns Herr Koch in seiner Firma herumgeführt hatte und wir dabei eine nach modernsten Möglichkeiten ausgestattete Plattenproduk-

tionsstätte kennen gelernt hatten, fuhren wir guten Mutes und voller Hoffnung nach Pfronten zurück.

Die Doppel-LP *So klingt´s bei uns in Hessen* wurde auf 12 Titel gekürzt und erschien bei *Koch Records* unter dem Titel *Dehaam is dehaam*. Aber auch Bernd Gruber schien mit dem österreichischen Label einig geworden zu sein, und so kam denn auch unsere neue Produktion *Rauh, aber herzlich* bei Koch heraus.

Um es gleich vorwegzunehmen:

Viel gebracht außer neuen Autogrammbildern hat uns die Zusammenarbeit mit *Koch Records* nicht. Auch die Österreicher kochten nur mit Wasser und schafften es nicht, unsere Platten in die hessischen Läden zu bringen. Daran änderte auch die Tatsache nichts, dass Gotthard Fürstenfelder, unser Frankfurter Vertriebschef von *TELDEC,* jetzt für *Koch* arbeitete. Bernd zog *Rauh, aber herzlich* ziemlich schnell zurück und veröffentlichte unter dem Namen *Ich maach dich* einen Zusammenschnitt der meisten Titel dieser Platte mit etlichen der ersten (*... uffs Maul geguckt)* als CD.

Ich selbst kündigte den Lizenzvertrag für *Dehaam is dehaam* 1994, als es Nachfrage nach einigen Titeln für ein CD-Projekt *1200 Jahre Frankfurt* gab, das dann auch bei *MMS* erschien und ein paar Mark zur Minderung des Verlustes von *So klingt´s bei uns in Hessen* beisteuerte.

1987 zum ersten Mal bei *"Hessen lacht zur Fassenacht"* mit unserm Lied *"Ich bin de Schorsch von Krotzeborsch"*

Für *Rauh, aber herzlich* hatte ich ein paar Lieder geschrieben, die gut von Funk und Fernsehen angenommen wurden. *Venedig und Veronika* laufen heute noch hin und wieder auf HR 4, mit dem *Schorsch aus Krotzeborsch* bewarb ich mich für *Hessen lacht zur Fassenacht,* wo wir 1987 erstmals auftraten. Ab 1990 wurden wir dann fast zu einem festen Bestandteil dieser Sendung. Aber davon später.

Den *Schorsch aus Krotzeborsch* sollten wir live bei der Sendung aus Groß-Umstadt spielen und singen. Besonderer Gag der Aufzeichnung sollte eine Drehbühne sein, auf der - für´s Publikum nicht sichtbar - jeweils der nächste Programmpunkt aufgebaut werden sollte, während der vorherige noch über den Bildschirm lief. So auch wir.

Die Idee des Bühnenmeisters war sicher gut, die Ausführung beschissen. Das Ding funktionierte von Anfang an nicht. Der Beginn der Aufzeichnung verschob sich um fast eine Stunde, in der sich die Techniker verzweifelt bemühten, den Aufbau zum Drehen zu bringen.. Danach gaben sie auf und die Bühne wurde jeweils per Hand gedreht.

Mit *Ich maach dich* kamen wir in den legendären *Fernsehgarten* des ZDF, der damals noch von Ilona Christen moderiert wurde. Unser Pech war, dass es an diesem Sonntag in Strömen regnete und wir mitten unter dem Publikum im Freien standen. Ich bestand darauf, dass sie zumindest mein ziemlich neues Keyboard mit einer Plastikplane abdeckten. Das sah zwar beschissen aus, rettete das Keyboard aber vor einer vorzeitigen Elektroschrottphase.

Ein besonderes Erlebnis war unser Auftritt bei *So isses* mit Jürgen von der Lippe, eine Sendung, in die Musiker wie wir eigentlich gar nicht so recht passten, weil da sonst nur Rock- und Popstars auftraten. Wir verdankten unser Engagement unserer Parodie auf Klaus Lages *1000 x berührt,* das bei uns *Das Starkstromlied* hieß. Der Zufall wollte es, dass eine von

Klaus Lage produzierte Gruppe ebenfalls für *So isses* engagiert und der große Meister persönlich anwesend war. Er ging senkrecht in die Luft, als er unsere Version seines Liedes hörte und tobte herum, als hätten wir damit eine unverzeihliche Gotteslästerung begangen. Dabei hatte alles seine Ordnung und ich einen rechtskräftigen Vertrag des Verlages für meine Parodie in der Tasche. Jürgen von der Lippe musste persönlich eingreifen und Klaus Lage in scharfer Form zurechtweisen, sonst würde dieser humorlose Typ womöglich heute noch herumtoben.

Jürgen von der Lippe selbst war ein netter Kerl, der sich kollegial um uns kümmerte und uns nach der Sendung zu einem Bierchen in eine Kölner Altstadtkneipe einlud.

vom Fernseher abfotografiert deshalb etwas unscharf

Gerd Dudenhöffer war im Fernsehen noch nicht

zur Kultfigur Heinz Becker geworden und dieser Sendung eher eine Art Pausenfüller mit einem wenig geistreichen Text. Reinhard Fendrich war Star, der sich ein wenig absonderte und für kein Gespräch zu haben war. Das Kölner Publikum, das unsern Dialekt vermutlich nicht verstand, blieb trotzdem höflich und applaudierte uns freundlich. Alles in allem für uns ein Achtungserfolg, aber auch anstrengend, weil wir nach der Probe im WDR zu einem Gig am Abend runter in den Frankfurter Raum fahren mussten, danach im Auto pennten und am nächsten Morgen wieder hoch nach Köln zur Aufzeichnung. Aber damals war man ja noch relativ jung! Heute könnte man nach so etwas für mich den Notarzt bestellen. Oder gleich den Mann mit dem schwarzen Kombi.

1988/89 war wieder eine Platte fällig, weil *AudM* zwanzig Jahre alt wurden. Ich beschloss - und Bernd Gruber war einverstanden -, unsere bekanntesten Lieder der vergangenen zwei Jahrzehnte gekürzt und jeweils in Dreierblöcke zusammengefasst neu aufzunehmen, weil die Originale ja nirgends mehr zu kriegen waren. Dies alles wurde auf eine Doppel-LP gepackt und in den Vertrieb von *ARIS*, einer Tochterfirma von *Ariola*, gegeben. Ob diese Firma oder Bernd selbst dran schuld war, weiß ich nicht - jedenfalls wurde ein Teil der Musikkassetten rückwärts bespielt geliefert. Weil das aber niemand so haben wollte, kam es zu vielen Reklamationen.

Als ich die Playbacks einspielte, sang ich, damit ich immer wusste, wo ich gerade war, die Lieder leise vor mich hin. Und weil ich total erkältet war, wurde daraus eine Art nuschelnder Sprechgesang. Das gefiel meinem Produzenten und dem Toningenieur Nils Selzer so gut, dass sie daraus eine Single strickten und mit dem Titel *Uwe, Uwe, Uwe - Brabbelversion* veröffentlichten. Keine Ahnung, wie viel Stück davon verkauft wurden und ob überhaupt.

Und noch etwas Kurioses gab es bei den Aufnahmen zu dieser Doppel-LP:

Weil das Keyboard-Schlagzeug zu dünn war, sollte ein richtiges drüber gespielt werden. Bernd schickte dafür den Drummer der Hardrock-Band *Sign,* die er gerade auch produzierte, ins Rennen. Der machte das auch recht ordentlich, nur kam er mit den Walzern nicht zurecht. Für die musste dann doch unser Sukku ran.

Kaum war unsere Doppel-LP *20 Jahre und kein bisschen leiser* auf dem Markt, meldete sich eine Münchener Anwaltskanzlei bei mir und beanspruchte DM 100.0000,-- Schadensersatz von mir, weil ich ohne Genehmigung des Originalautors Helmut Högl den Titel *Aaner geht noch noi* auf meiner Platte aufgenommen hätte. Ich schrieb zurück:

"...gegen die in Ihrem Schreiben vom 8.12.1989 erhobenen Anschuldigungen wehre ich mich entschieden.

1. ist meine Gruppe AudM lediglich Interpret des Stückes. Da ich - wie ich bereits in meinem vorangegangenen Schreiben betonte - keinerlei Urheberrechte an dem Lied beanspruche, sollte Sie sich, wenn Sie unbedingt einen Rechtstreit führen wollen, an den verantwortlichen für die Platte, also an meinen Produzenten Bernd Gruber, Offenbach, wenden.

2. handelt es sich bei der Wiedergabe des Stückes um keine Bearbeitung von mir, für die ich irgendwelche Urheberansprüche geltend mache. Die vorliegende Form unserer Wiedergabe mit alle ihren Zusätzen und Weiterführungen *hat sich in unserem Raum hier von selbst entwickelt. Wir geben also lediglich wieder, was des Volkes Stimme daraus hat entstehen lassen.*

3. ist Ihre Behauptung, es existiere eine Single dieses Liedes von uns, falsch. Es gibt lediglich die Doppel-LP 20 Jahre und kein bisschen leiser, auf der wir den Titel innerhalb eines Potpourris verwandt haben. . .

4. lag es nicht in unserer Absicht, uns den Titel unter den Nagel zu reißen. Deshalb auch die Autorenangabe unbekannt auf der Platte, da uns zum Zeitpunkt, als wir die Titel zusam-

menstellten, der Autor tatsächlich noch nicht bekannt war.

5. ist der Streitwert von DM 100.000,--, den Sie Ihrer Kostenberechnung zugrunde legen, geradezu utopisch. Die GEMA hat mir bis zum heutigen Tag 2.834 Tonträger abgerechnet. Gehen wir von meinem Lied *En Kumbe Kaffe un en Riwwelkuche* aus, das ebenfalls in diesem Potpourri enthalten ist und etwa die gleiche Länge hat wie *Aaner geht noch*, so ergibt das einen Erlös von DM 59,71. Rundfunk- oder Fernsehaufnahmen gab es bis zum heutigen Tag noch nicht.

6. ist mein Produzent, der die GEMA-Gebühren für unsere LP bezahlt hat, gern bereit, mit der genannten Verwertungsgesellschaft das Urheberrecht des Herrn Högl an der von uns getätigten Aufnahme zu klären, so dass diesem sein Anteil überwiesen werden kann, falls dies noch nicht erfolgt sein sollte.

7. habe ich, seit mir Herr Högl als Autor des Liedes bekannt ist, diesen immer in meinen monatlichen GEMA-Anmeldungen für öffentliche Auftritte angegeben. Er hat also bereits an uns verdient, seine Verwertungsrechte durch öffentliche Aufführungen seines Werkes wurden nicht beeinträchtigt. Im Gegenteil. Oder möchte Herr Högl nicht, dass wir sein Lied öffentlich spielen? Das kann ich mir eigentlich nicht vorstellen. **Ich** freue mich jedenfalls über jeden, der meine Lieder nachspielt und das der GEMA auch meldet.. . ."

Ich habe nie mehr etwas von dieser Anwaltskanzlei gehört, aber erfahren, dass andere, die sich als Autoren von *Aaner geht noch* bezeichnet haben, ganz ordentlich dafür bluten mussten.

Irgendwann in 1989 - den genauen Zeitpunkt weiß ich nicht mehr - waren wir in Wetzlar-Nauborn zum Kerbtanz engagiert. Auf dem Heimweg nach Mainflingen hatte ich den Einfall meines Lebens:

"Die Runkelroiweroppmaschin, die roppt die Roiwe raus..."

Das Original

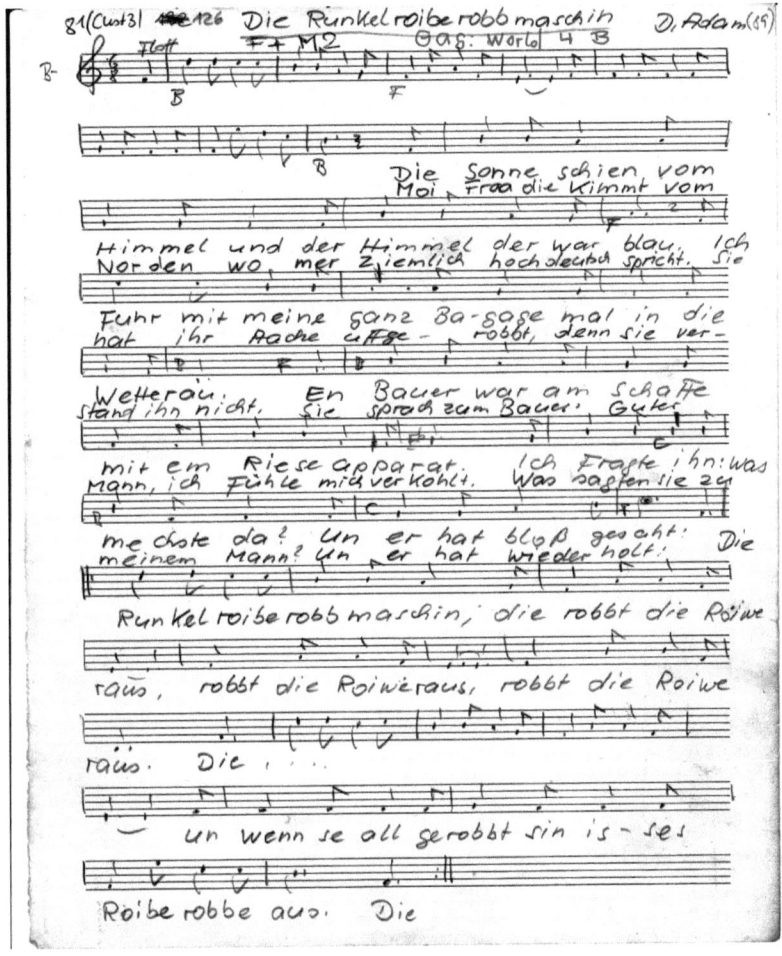

Ich fuhr den nächsten Parkplatz an und notierte, was mir in den Kopf geschossen war. Zu Hause vollendete ich dann, was ich unterwegs begonnen hatte. *(siehe oben)* Noch in der gleichen Nacht oder später, kann ich nicht mehr sagen.

Schon beim nächsten Auftritt zeichnete sich ab, dass ich ein Riesending geschrieben hatte. Die Leute wollten die *Runkelroiwe* immer wieder hören und konnten gar nicht genug davon bekommen. Selbst wenn wir mal Pause machten, wurde das neue Lied in irgendeiner Ecke gegrölt.

Wir hatten uns nach unserem Auftritt bei *Hessen lacht* in Groß-Umstadt nicht mehr für die Sendung beworben, weil wir meiner Meinung nach keinen zugkräftigen Titel hatten. Mit der *Runkelroiwe* hatte sich das schlagartig geändert. Mit ihr wollte ich dabei sein - und wurde auch *auserwählt!*

Die Aufzeichnung 1990 fand in Hungen statt. Schon während der Proben prophezeiten uns unsere Kollegen, dass wir *DEN* Hammer im Gepäck hätten. Ich blieb skeptisch. Man hat schon Pferde kotzen sehn! Was dann allerdings nach unserem Auftritt während der Aufzeichnung der Sendung passierte, sprengte meine Vorstellungskraft und brachte den sonst so souveränen Ministerpräsidenten Karl Oertl fast zur Verzweiflung.

**"Die Runkel-
roiweropp-
maschin" -
Uraufführung
1990 in
Hungen**

(Bilder sind etwas unscharf, weil sie vom Fernseher abfotografiert wurden)

Der Präsident Karl Örtel ⇒

Das närrische Volk im Saal tobte minutenlang vor Begeisterung und schrie *Zugabe, Zugabe, Zugabe!* Karl Örtel hüpfte wie das berühmte HB-Männchen

hinter seinem Ministertisch herum, klingelte mit seiner großen Glocke und wusste nicht, wie er die Leute beruhigen sollte.

"Die Zugabe kommt irgendwann", versprach er. "Wollen wir bis heute Nacht um halb drei die Runkelroiweroppmaschin besingen?"

Fast eine Viertelstunde dauerte es, bis Karl uns vorgestellt und verabschiedet hatte, und selbst als wir die Bühne längst verlassen hatten, sangen sie das Lied immer noch.

Was für ein Erfolg! Das Dumme daran war nur, dass wir noch keine Platte von dem Lied hatten! Die kam erst nach Fastnacht. Zu spät! Es wurde nicht der erwartete Verkaufserfolg. Den erhofften wir uns nach der Sendung 1991, wo wir das Lied - wie von Karl Örtel versprochen - als Zugabe noch einmal singen sollten. Wieder nix! Die Platte gab es zwar mittlerweile, aber keine Sendung! Weil die Fastnacht 1991 wegen des Golfkrieges abgesagt wurde! Scheiße auf der ganzen Linie! Und ein großer finanzieller Verlust, weil auch alle anderen Fastnachtstermine ausfielen! Wobei die Amis als Hauptbeteiligte am Krieg nichts absagten und ihre Feste fröhlich feierten. Nur wir blöden Deutschen nicht! Angeblich bestand die Gefahr, dass Fanatiker Bomben bei den Sitzungen und Maskenbällen legten. Allahu akbar!

Wir haben das Lied in den folgenden Jahren bei allen *Hessen-lacht*-Sendungen, an denen wir teilnahmen - und das waren fast alle - als Zugabe gesungen, andere Kapellen haben es gespielt, wir sowieso, bei *youtube* wurde es fast 200.000 mal angeklickt - Millionär bin ich trotzdem nicht damit geworden. Mein Produzent hat es einfach nicht verstanden, es so richtig gewinnbringend zu vermarkten. Auch nicht, als er eine Dance - Version davon strickte. Er versäumte es einfach, die *Runkelroiwe* auf einem Ballermann-, Apres-Ski-Sampler o.ä. unterzubringen. Diesen Vorwurf kann ich Bernd leider nicht ersparen, und wir haben deswegen auch schon heftig gestritten. Zu ändern ist es jetzt eh nicht mehr.

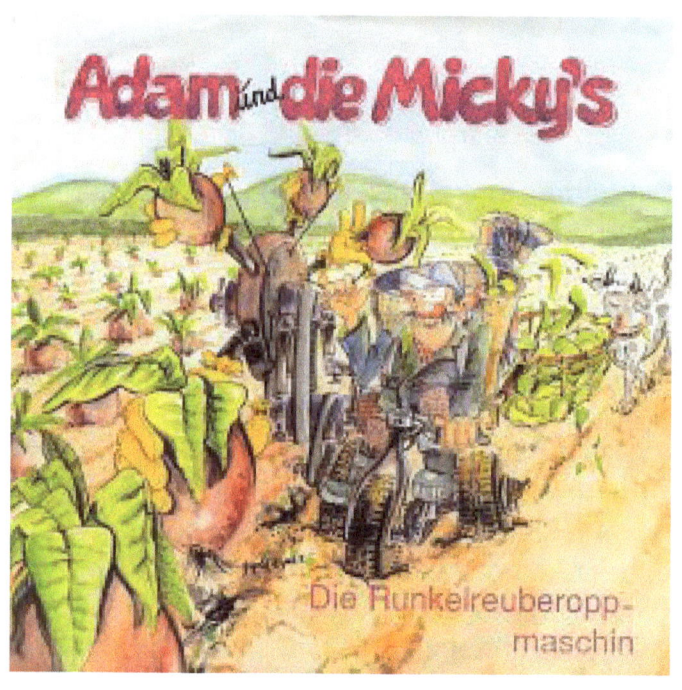

Was lustig an der Sache war, war die Tatsache, dass die Leute, wenn sie mich irgendwo erkannten, nicht mehr sagten: "Ist das nicht der Adam von den Micky´s?" Jetzt hieß es: "Guckt emal, da lääft ja die Runkelrieb!" Wobei mir eins so unangenehm wie´s andere war. Ich blieb lieber anonym. Und meinen Kindern war´s, wie sie noch kleiner waren, auch immer peinlich, wenn ich - beispielsweise - auf dem Seligen-städter Weihnachtsmarkt angesprochen wurde:
"Ei, Adam, was mechst dann du hier?
Sah doch jeder:

Mit Frau und Kindern über den Weihnachtsmarkt bummeln!

Die Roppmaschin beim Südwestfunk in Mainz zusammen mit Sukku

gleich geht´s bei "Hessen lacht" wieder mal auf die Bühne. Jetzt in der Besetzung (von links) Norbert Lehr, ich, Matthias Winzenhörlein

1992 trat Rolf Sauer, der Chef der *Fidelen Offenbacher,* mit denen ich u.a. die *Tante Maria* aufgenommen hatte und die auch auf meiner Flop-LP *So klingt´s bei uns in Hessen* vertreten waren, an mich heran, erzählte mir, dass die *Offen-*

bacher sich aufgelöst hätten, drei Mann von ihnen aber als *Melody Terzett* weitermachten. Und die sollte ich im Auftrag von Bernd Gruber, mit dem er schon einig wegen der Veröffentlichung wäre, produzieren.

Produzieren hieß in diesem Fall für alle Titel die Arrangements schreiben, selbst zwei bis drei neue Titel dazu beitragen und dann die Playbacks möglichst perfekt im Studio aufzunehmen. Was ich dann, als wir uns wegen der Pinunzen einig waren, auch tat. Als Gastmusiker war u. a. wieder Red Saxon, der Pedal-Steel-Gitarrist, dabei. Und - wie ich gerade auf der CD gelesen habe - auch Thomas Jeutter, heute bekannt als Tom Jet.

Ich gab mir größte Mühe, schrieb tolle Arrangements und produzierte wunderbare Playbacks. Das *Melody Terzett* war höchst zufrieden. Sie waren es auch noch, nachdem sie draufgesungen hatten. Nach der Mischung waren sie es plötzlich nicht mehr. Da lagen ihre Stimmen zu weit hinten und wurden von der Musik zugedeckt. Ihrer Meinung nach. Nach meiner nicht. Es kam zum Streit mit dem Produzenten Bernd Gruber. Ich meine, es wäre dabei um finanzielle Dinge die Aufnahmen und die Veröffentlichung betreffend gegangen. Das Endergebnis war:

Das *Melody Terzett* ließ sich das ungemischte Mutterband unserer Produktion aushändigen, fuhr nach Norden zu seinem vorherigen Produzenten und mischte dort neu ab. Was dabei herauskam, war Schrott auf der ganzen Linie. Jetzt lagen die Stimmen zwar penetrant vorne, aber von meinen tollen

Arrangements war fast nichts mehr zu hören. Die CD ging auf

150

dem Musikmarkt förmlich unter. Richtig so! Das *Melody Terzett* fiel bald darauf auseinander.

1993 brachten wir mit zweijähriger Verspätung anlässlich meines 50. Geburtstages die CD *Auf einmal ist man fünfzig* heraus. Weil ich mir dazu die zwei Startrompeter der Mainflinger Feuerwehrkapelle ins Studio holte, wurden die Aufnahmen nicht unter *AudM* veröffentlicht, sondern unter *Dieter Adam + Herz-As*. Aber auch unter dieser Bezeichnung wurden wir vom Fernsehen nicht als eine Art *Kastelruther Spatzen* Verschnitt für den volkstümlichen Bereich entdeckt. Und auch der CD- und Cassettenverkauf ließ sehr zu wünschen übrig.

Wir produzierten dann nur noch zwei reguläre, ordentlich in einem Studio aufgenommene CDs für *Rockport,* danach nur noch Zusammenschnitte älterer Aufnahmen wie die *Baller-Knaller* oder die Doppel-CD *Best Of* zum unserem 40. Jubiläum. Die regulären CDs waren 1995 *Rambazamba in der Pampa* und 1998 *Chilli con Sauerkraut. Husch, husch, husch - die Bimmelbahn* war nix Halbes und nix Ganzes. Wegen dem *Grand Prix der guten Laune,* an dem wir teilnahmen, musste laut Bernd unbedingt eine CD her, also wurde auf die Schnelle eine gestrickt. Ich las sogar zwei Geschichten aus meinem Buch *Verzähl mer was* vor, nur, damit das Ding voll wurde. Ich erzähle das an anderer Stelle ausführlicher. Deshalb soll jetzt damit Schluss sein.

Der besagte *Grand Prix der guten Laune* fand Ende 2000 statt. In der *Offenbach Post* erschien am 8. November folgender Bericht:

"Adam und die Micky´s beim Grand Prix? Was bisher eher unwahrscheinlich schien, macht nun der Hessische Rundfunk möglich: Pünktlich zum Auftakt der Fastnachtskampagne am 11.11. lobt der hr in Zusammenarbeit mit der Arbeitsgemeinschaft zur Förderung der musikalischen Unterhaltungskultur in Deutschland erstmals einen Grand Prix der guten Laune aus. Ab 20.15 Uhr treten im Ersten so renommierte Vertreter der Unterhaltungsmusik wie Gottlieb Wendehals, die Mainzer Hof-

sänger, das Salonorchester Ungelenk oder die Alpenrebellen auf. (Anm.: Micky Krause, Michael Heck, die Münchner Zwietracht und DJ Ötzi im Rahmenprogramm waren auch noch dabei)

Als einziger hessischer Vertreter ist der Mainhausener Mundartmusiker, Dichter und Bühnenautor Dieter Adam mit von der Partie - natürlich zusammen mit den Micky´s, Norbert Lehr am Bass und Schlagzeuger Wolfgang Sokolowski.

Bei den Proben zum Grand Prix

(Anm.: Falsch! Das war zu diesem Zeitpunkt schon Matthias Winzenhörlein. Und falsch ist auch, dass wir die einzigen hessischen Vertreter waren. Der spätere Gewinner Michael Heck ist auch aus Hessen und auch Roy Hammer)

Aus über 800 Titeln hatte eine unabhängige Jury den neuesten Titel der Hessen-Combo "Husch, husch, husch, die Bimmelbahn" nominiert, der gegen 14 weitere Werke der deutschen Stimmungsmusik antreten wird. Per Ted können die Zuschauer in der Sendung ihren Stimmungsfavoriten küren..."

So war´s geplant, aber dann erreichte uns bei den Proben morgens die schreckliche Nachricht, dass bei einem Brand in einem im Tunnel befindlichen Zug der Gletscherbahn Kaprun 155 Menschen ums Leben gekommen waren. Es war die größte Katastrophe, die sich in Österreich seit dem 2. Weltkrieg ereignet hatte. In dem brennenden, bergauf fahrenden Zug kamen 150 der 162 Passagiere durch Rauchgasvergiftung zu Tode. Außerdem starben im Gegenzug der Zugführer und ein Tourist sowie drei Personen auf der Bergstation durch Rauchgasvergiftung.

Weil etliche österreichische Sänger und Gruppen an unserem *Grand Prix* teilnahmen, wurde von der Sendeleitung des HR sofort in Erwägung gezogen, die Veranstaltung ganz abzusagen. Dann aber wurde entschieden, nur die Liveübertragung am Abend abzublasen, die Sendung aufzuzeichnen und zu einem anderen Zeitpunkt auszustrahlen. Die Abstimmung der Fernsehzuschauer über TED war dann allerdings nicht mehr möglich.

Bei der Aufzeichnung am Abend hatte sich Moderator Frank Zander derart einen hinter die Binde gegossen, dass er nur noch lallte und am nächsten Tag antanzen musste, um die Sendung nach zu synchronisieren. Auch Kollege Werner Böhm alias Gottlieb Wendehals konnte kaum noch gerade stehen, bekam sein Lied aber einigermaßen hin. Über den Sieger stimmte das Publikum im Sendesaal ab. Michael Heck gewann mit dem von Tom Astor geschriebenen Lied *Wir*

machen das Leben zur Party, das niemals gewonnen hätte, wenn es bei der Abstimmung per TED geblieben wäre. Michael hatte im Sendesaal halt die meisten Fans sitzen. Wir belegten einen guten Platz im hinteren Drittel der zur Verfügung stehenden Lieder. Die CD zur Sendung, von der wir uns alle so viel versprochen hatten, wurde ein Flop. Einen 2. *Grand Prix der guten Laune* gab es bis zum heutigen Tag jedenfalls nicht mehr.

Im Jahre 2000 engagierten uns Michaele Scherenberg und Karlheinz Stier vom Hessischen Rundfunk als Sitzungskapelle

153

für ihre Sendung *Hessische Weiberfastnacht,* die in der Turnhalle von Groß-Karben aufgezeichnet wurde. So wurde das Programm im ersten Jahr unseres Mitwirkens auch noch hauptsächlich von den Damen der Kärber Weiberfastnacht bestritten. Dies änderte sich dann von Jahr zu Jahr, indem immer mehr Büttenrednerinnen und Tanzgruppen aus anderen Regionen Hessens auftraten. Und weil die Karbener Halle für den Fernsehbetrieb zwar fein, aber einfach zu klein war, zog man bereits ab 2002 für die Aufzeichnungen in andere Hallen um.

Weil die *Weiberfastnacht* im Fernsehen ein so großer Erfolg wurde, erfanden Michaele und Karlheinz schnell auch noch eine ähnliche Sendung für Männer, die sich *Männer an die Macht* nannte, aber nie an den Erfolg der Frauensendung anknüpfen konnte, weshalb man sie nach zwei oder drei Aufzeichnungen wieder absetzte. Was aber nicht daran lag, dass ich da sogar mal als Büttenredner mit einem ziemlich versauten, aber wenig erfolgreichen Vortrag aufgetreten bin.

Auch wenn wir bei der Ausstrahlung der Sendungen nicht sehr oft auf dem Bildschirm zu sehen und mehr zu hören waren, machte es doch großen Spaß, die Sitzungen als Kapelle begleiten zu dürfen. Michaele fand es lustig, alle vor und

hinter der Kamera mitwirkenden Männer als Damen zu verkleiden. Wir machten heitere Miene zu diesem blöden Spiel und ließen uns in entsprechende Klamotten stecken.

Darin wohl gefühlt hat sich keiner von uns. (*bis auf einen Herrn vom Ton, der lief auch außerhalb der Fassenacht als Dame verkleidet herum, war aber ein ganz lieber Mensch)*

noch mehr Weiberfastnacht

Was mir in diesem Zusammenhang noch erwähnenswert erscheint ist die Tatsache, dass uns der Redakteur von *Hessen lacht* Heiner Schölling untersagt hatte, sowohl bei der *Weiberfastnacht* als auch bei *Männer an die Macht* die *Runkelroiweroppmaschin* zu spielen. "Wenn ihr das tut, seid ihr bei *Hessen lacht* draußen", ließ er verlauten. So kollegial war man beim HR untereinander. Verstanden habe ich es nie, aber dran gehalten haben wir uns schon. *Hessen lacht* war schließlich wichtig für uns.

Nachdem Michaele und Kalheinz ihre Sendung abgegeben hatten, wollte man auch von uns nichts mehr wissen. Einen vernünftigen Grund dafür konnte oder wollte mir der neue Redakteur nicht nennen. Wir wären einfach zu teuer, nur um ein paar Tuschs zu spielen, ließ er mich wissen. Und zu alt wären wir außerdem, hörte ich hintenrum. Fernsehredakteure sind halt kleine Götter. Zumindest halten sie sich dafür. Aber sie haben nun mal das Sagen. Und da kann man auch kaum etwas dagegen machen.

Was uns und später dann nur noch mir allein bei der *Hessischen Weiberfastnacht* im Fernsehen an Gutem gebracht hat, war die Zusammenarbeit mit meinen Mädels von der *Weiberfastnacht Karben,* die mich und für den Fastnachtfreitag auch die Micky´s ab 2001 für ihre Sitzungen engagierten und mir in den vielen Jahren *(13 insgesamt)* richtig ans Herz gewachsen sind. Sie standen auch nach meiner Stimmbandoperation zu mir und haben mich auch ohne Stimme für ihre Sitzungen 2013 noch einmal angeheuert. Auch das war danach natürlich vorbei - und mir blutet deswegen immer noch das Herz, wenn die Fassenacht losgeht und ich denke: *Jetzt wärste widder dabei. Scheiße!*

meine Asbach-Lerchen, die Gesangsgruppe der Weiberfastnacht Karben

Im Mai 2001 war in Dietzenbach der Hessentag. Während der Hessische Rundfunk uns ignorierte, engagierte uns der bayerische (*besser: unterfränkische*) Privatsender *Primavera* aus Aschaffenburg für seine Showbühne, auf der wir an drei Tagen in kompletter Besetzung spielen sollten und an vier Tagen ich alleine. Sukku konnte wegen angeblicher Arbeitsüberlastung nicht, weswegen ich Horst Grimm, einen phantastischen Schlagzeuger aus Mainflingen *(Gloria-Reutter-Sextett)*, mitnahm. Von Sukku erfuhr ich später, dass er in dieser Zeit segeln war. Das war der Anfang seines Endes bei den Micky's Nachdem er mir noch ein paar Einzelveranstaltungen wegen seines Jobs absagte und ich jedes Mal Mühe hatte, für unsere Gigs immer einen Drummer zu finden, rief ich ihn irgendwann erst gar nicht mehr an. Trotzdem tat es mir unheimlich Leid, als er wenig später mit gerade mal 60 Jahren starb. Er war viele Jahre ein toller Kollege und prima Kumpel gewesen. Das hatte sich erst geändert, als er ein eigenes Geschäft mit Zigaretten- und Kondomautomaten übernahm. Damit hatte er sich meiner Meinung nach einfach zuviel zugemutet mit Arbeitszeiten von teilweise über 12 Stunden. Aber das geht mich nichts an. Ich werde ihm jedenfalls ein ehrendes Andenken bewahren und denke auch heute noch oft an ihn, zumal vor kurzem auch seine Frau

Wolfgang Sokolowski
genannt Sukku

Margit gestorben ist, bei deren Beisetzung ich war.

Beim Hessentag in Dietzenbach spielten wir oder ich allein praktisch Tür an Tür mit der *Offenbach Post*, die unmittelbar neben der *Primavera*-Showbühne ihre Dietzenbacher Redaktion hatte. Ich finde die Glosse, die sie deswegen veröffentlichten, leider nicht mehr, aber sie ging sinngemäß so:

"Seit Beginn des Hessentages spielen neben uns Adam und die Micky´s eine Musik, die absolut nicht unsere ist. weswegen wir, wenn sie anfangen, auch gleich sämtliche Fenster schließen. Wegen der Hitze müssen wir aber hin und wieder lüften und uns die hessische Babbelmusik notgedrungen anhören. Bereits am zweiten Tag ertappen wir uns dabei, wie wir das eine oder andere Lied leise mitsummen. Ab dem dritten Tag lassen wir die Fenster auf und singen fröhlich mit. So schlecht ist die Musik der Micky´s eigentlich gar nicht!"

Anfang 2002 meldete sich Peter Wichert, Gründungsmitglied der *Sugar Foot Stompers,* meiner ersten Band aus Hola-Zeiten in Hanau, bei mir und erzählte, er würde aus Anlass der Gartenschau in Hanau eine CD produzieren und hätte mich gerne mit zwei oder drei Titeln dabei. Peter Petrel würde auch mitmachen, Heinz Günter Heygen vom HR, Rainer Bange mit seiner Familie Kleinschmitt und sogar die Oberbürgermeisterin Margret Härtel. Und er natürlich mit seiner neuen Band *New Orleans Connection*. Ob ich denn keine Lust hätte, mal wieder ein bisschen Jazz zu machen? Als Titel schlug er *Marie, Böse Buwe Dixie und John Browns Vadder* vor. Die ersten beiden Songs hatten wir schon mal gemeinsam auf einer meiner LPs verbraten.

Und ob ich Lust hatte, bei dieser Gartenschau-Geschichte mitzuwirken! Nach den ersten Vorgesprächen einigten Peter Wichert und ich uns darauf, dass ich neben meinen eigenen Liedern *Marie* und *Beese-Buwe-Dixie* auch noch den *Gartenschau-Blues (Basin Street Blues)* und den *Bembel-Bimmel-*

Bahn-Boogie (Hemshoff-Boogie) singen sollte. Für die beiden letztgenannten Lieder schickte er mir Texte, bei denen sich mir die Schamhaare kräuselten. DAS würde ich so auf keinen Fall singen!

Also setzte ich mich hin und fummelte mir die Texte in Adam´scher Manier zurecht. Peter war davon so begeistert, dass aus meiner *Basin Street* Version *Gartenschau In Hanau Now* der Titelsong der CD wurde. Und davon, was ich gesanglich im Tonstudio Robert Kohlmeier in Kilianstädten ablieferte, waren auch alle restlos begeistert.

Peter Wicherts New Orleans Connection

Wir - Peter Petrel, die *New Orleans Connection* und ich - nahmen an einer Fernsehsendung über die Gartenschau teil, die im Amphitheater in Hanau aufgezeichnet wurde, und später nahm mich Peter (Wichert) auch noch zu etlichen Jazzkonzerten seiner Band mit. Da spielten wir dann sogar die

159

Roppmaschin als Dixieland, was uns - Peter und mir - großen Spaß machte, echten Jazzern, auch seinen Musikern, aber die Tränen in die Augen trieb. Weshalb wir diese Zusammenarbeit auch bald einstellten. Was nicht sehr schlimm war, weil Jazz nicht besonders gut bezahlt wurde.

Weil Sukku, wie gesagt, ab ca. 2000 nicht mehr zur Verfügung stand, spielten wir anfangs mit wechselten Schlagzeugern, Wobei sich so langsam herauskristallisierte, dass unser neuer fester wohl Matthias Winzenhörlein aus Mainflingen werden würde.

Dass der *Winzer*, wie er allgemein genannt wurde, mal unser neuer Schlagzeuger werden würde, hätte wohl keiner gedacht. Ich kannte Matthias noch aus Kindergartentagen, den er zusammen mit meiner Tochter Cathrin besucht hatte. Auch in die Schule waren sie zusammen gekommen, und bei jeder ihrer Geburtstagsfeiern gehörte er zu den kleinen Gästen.

Als Pfarrer Heiser seine Sing- und Spielschar St. Kilian gründete, war er von Anfang an, zunächst auf einem lächerlichen, später auf einem richtigen Schlagzeug der Drummer. Und blieb es auch, als ich den *Klimperchor* übernahm.

Der Klimperchor. Am Schlagzeug: Der Winzer

DER ANFANG VOM ENDE

Die Langspielplatte *Die Runkelroíweroppmaschin und andere hochgeistige Ergüsse* von 1990 war die letzte LP, die von uns auf den Markt kam. Die gab´s dann auch schon als CD. Danach machten wir nur noch CDs. Und heutzutage sind selbst die nicht mehr aktuell. Heut wird downgeloaded und was weiß ich, was es in dieser Richtung noch alles gibt. Bin in dieser Beziehung nicht mehr so fit.

Damals, Anfang der 2000er Jahre, hatte ich ganz andere Probleme - und die waren finanzieller Natur:

Die Musikgeschäfte, neudeutsch Gigs, wurden merklich weniger. Hatte ich früher mit und ohne Micky´s bis zu siebzehn, achtzehn Mal im Monat gespielt, tröpfelte es jetzt nur noch.

In der Fastnachtszeit gab es keine Maskenbälle und Rummel mehr und wenn, wurden andere, jüngere Bands engagiert, die moderner als wir waren und die Jugend anzogen. Oder ein DJ sorgte für die Musik. Maskiert oder auch nur ein bisschen farbenfroh angezogen ging sowieso kaum einer mehr dahin. Und vor allen Dingen wesentlich später als wir früher. Hatten die Leute früher vor sieben schon Schlange an den Kassen gestanden, wenn die Veranstaltung um acht begann, wurde es heute neun, bis die ersten überhaupt einliefen.

Was noch aus der Mode kam, waren die *"Bunten Abende"* im Saal oder Festzelt, bei denen Künstler vom Akrobaten über Jongleur und Bauchredner bis zu mehr oder weniger bekannten Sänger und Sängerinnen auftraten. Heute engagierte man Gruppen wie die *"Kastelruther Spatzen"*, die *"Klostertaler"* oder auch berühmte Solisten, die einen ganzen Abend - vielleicht mit einer Vorgruppe - bestritten und viel Geld dafür kassierten.

Wir gehörten leider nicht zu diesen gut bezahlten Auserwählten. Wir waren für kleinere Veranstaltungen, die nicht viel kosten durften, zuständig. Und auch da mit rückläufiger Tendenz. Selbst Vereine, für die wir seit Jahren gespielt hatten, sortierten uns aus.

Germania-Maskenball in Oberroden - kurz nach Beginn. Später platzte die Halle aus allen Nähten.

Beispielsweise die *"Germania Oberroden"*, deren Maskenball wir groß gemacht hatten. In den besten Zeiten waren über 2.000 Menschen in der Halle, in die eigentlich nur 700 hinein passten, gewesen. Dumm und dämlich hatten sie sich an uns verdient. Jetzt brauchten sie uns nicht mehr. Und das nur, weil **ein** Maskenball mal nicht ganz so gut besucht war. Was aber weniger an uns, sondern an dem Umstand gelegen hatte, dass die Halle, in der die Veranstaltung sonst stattfand, abgerissen wurde und man in eine andere umziehen musste. Wo mir an diesem Abend besonders lustige Narren auch noch drei Autoreifen platt stachen und ich mit einem Taxi von Oberroden nach Hause fahren musste.

Oder auch die *"Fidelen Nassauer"* aus Heddernheim, im Volksmund *"Klaa Paris"* genannt. Die Besucherzahl von deren

Faschingskehrausball nach dem Umzug am Fastnachtsdienstag hatten wir von gut hundert zahlenden Gästen beim ersten bis zuletzt über tausend gesteigert. Dann hatte plötzlich die Jugend das Sagen in diesem Verein gehabt. Auch denen waren wir nicht modern genug und unsere Pausen zu lang. Dabei rauchte ich nicht einmal eine ganze Zigarette zwischen den Tanzrunden. Aber schon glaubte der vereinseigene DJ das überbrücken zu müssen, legte los und ließ seine Musik provokativ lang laufen, so dass die Leute annehmen mussten, *wir* wären diejenigen, die so lange Pausen machten. Prompt bekam ich Krach mit diesem Armleuchter. Und im nächsten Jahr spielte eine andere Band.

auch ein toller Maskenball:
Frankfurt - Nordweststadt
Da blieb anschließend oft auch was für´s Herz

Noch ein Beispiel von Treue eines Vereins zu seinem langjährigen Musiker: Der **Obst- und Gartenbauverein Froschhausen.** Über vierzig Jahre hatte ich für sie gespielt; anfangs mit den Micky´s, später aus Kostengründen allein. Dafür hatten sie mich sogar geehrt. Als das Interesse an ihrem Familienabend merklich nachließ, entschloss sich der Vorstand, in Bezug auf das Programm neue Wege zu wagen. Schrieb man mir. Und bot mir die Ehrenmitgliedschaft an. Gebraucht würde ich aber nicht mehr!

Das einzige, was sich bei denen änderte: Sie tauschten den Musiker aus. Das übrige Programm blieb nach wie vor dürftig, und der Besucherstrom steigerte sich auch nicht merklich, wie ich Berichten in der OFFENBACH POST entnehmen konnte.

Und was hatte der frühere Vorstand des Vereins in seinen guten Zeiten ein tolles Programm auf die Beine gestellt! Die dafür vorgesehenen Stunden hatten manchmal nicht ausgereicht, es abzuspulen! Die - noch lebenden - Leute sprachen heute noch davon.

164

Der neue Vorstand schrieb in der Zeitung zwar immer noch, man hätte sich für den Familienabend wieder einiges einfallen lassen, aber was dann letztlich dabei herauskam, war mehr als dürftig. Beispiel eines Programmablaufs:

1. *Musik Adam*
2. *Begrüßung durch den 1. Vorsitzenden*
3. *Musik Adam*
4. *Ehrungen*
5. *eventuell eine Leihnummer von einem anderen Orts-verein - z.B. Karaoke-Show*
6. *Verkauf der Lose -*
7. *Musik Adam -*
    - Pause - usw. usw.

Damit konnte man natürlich kaum mehr einen hinter dem Ofen hervorlocken. Aber Schuld war - so schien es jedenfalls - ich! Weg mit dem Kerl! Was dabei herauskam, habe ich geschildert. Schwamm drüber und abhaken!

mit Horst Wilhelm

Noch ein Verein sortierte mich von einem Tag auf den anderen aus, weil er in mir die Schuld am Besucherrückgang sah:

Der *FKV 1911 und seine Maagard.* Kurz zuvor hatten sie mich noch für 30 Jahre Treue zum Verein geehrt und 1989 sogar zum Ehrenritter geschlagen. Dies allerdings nur, weil

der oder die, der/die es eigentlich werden sollte, an diesem
Abend verhindert war.

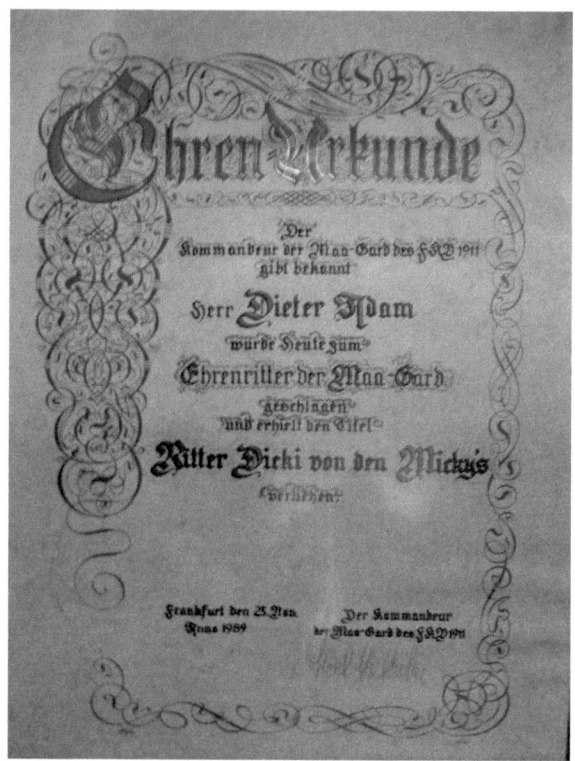

Ritter Dicki von den Micky's

Und was war das mal ein Verein gewesen, als ein Horst Wilhelm oder ein Klaus Koch noch an der Spitze stand! Volle Häuser, tolle Sitzungen, mords Stimmung. Sogar einen Marsch hatte ich ihnen geschrieben.

Das alles ließ im Lauf der Jahre nach. Klaus Koch und Horst Wilhelm traten von ihren Ämtern zurück, andere übernahmen die Leitung des Vereins, versuchten sich als Ministerpräsident. Die großen Sitzungen im Bürgerhaus Bornheim fielen weg, wurden ins Vereinsheim, den Bunker, verlegt oder fanden im Saal des Gehörlosenzentrums statt. Ich tat, jetzt nur noch als Alleinunterhalter, mein Bestes, half sogar mit Büttenreden aus, die meistens super ankamen und den Verein keinen Pfennig mehr kosteten. All das zählte plötzlich nicht mehr. Als zwei junge Damen, die sich für die Größten hielten, aber im Prinzip von nichts eine Ahnung hatten, das Zepter übernahmen, durfte ich gehen.

Ich könnte jetzt erklären, an was es wirklich gelegen hat, dass die Leute wegblieben, unterlass es aber. Warum unnötig schmutzige Wäsche waschen?

Dies alles und noch einiges mehr, das nicht hierher gehört, führte letztlich dazu, dass wir unser Haus in Mainflingen verkauften, damit schuldenfrei waren und hinauf nach Gemünden an der Wohra zogen, das zwischen Marburg und Frankenberg liegt und auch ein wenig am Arsch der Welt. Zumindest sieht man den von hier aus schon ziemlich deutlich.

In musikalischer Hinsicht tat sich hier oben gar nichts für mich. Sie hatten ihre Musiker und dachte nicht daran, einem neuen mal eine Chance zu geben. Außer zu einer Diamantenen Hochzeit eines benachbarten Ehepaares und zu zwei oder drei Wohltätigkeitsveranstaltungen ohne Gage hat mich oder gar die Micky's keiner engagiert. Auch in Bad Wildungen oder Bad Zwesten interessierte es kaum einen, den sog. *Kultmusiker* Adam von den Micky's spielen und singen zu hören. Da gab ich's auf, hier oben auftreten zu wollen.

Auch mein Versuch, Teil des Gemündener Karnevals zu werden, ging mehr oder weniger in die Hose. Ich hatte in der Zeitung gelesen, mein neuer Wohnort wäre eine Karnevalshochburg mit Sitzung, Umzug, Rathausstürmung usw. und setzte mich mit den dafür verantwortlichen Leuten in Verbindung. Ja, von der *Runkelroiweroppmaschin* hatten sie schon gehört, aber sonst waren *Adam und die Micky's* für sie kein Begriff. Natürlich könnte ich gern bei ihnen auftreten. Und meine Frau wäre selbstverständlich auch herzlich eingeladen.

Tja, und dann lernten wir am Rosenmontag 2005 die Fasse-

167

nacht dieser so genannten Karnevalshochburg kennen. Gerlinde und ich saßen bei lauter netten Leuten am Tisch der Veranstalter und warteten mit ca. 600 Besuchern auf den Beginn der großen Sitzung. Die Kapelle heizte ganz ordentlich ein, man freute sich seines Lebens, feierte rings um uns her, grölte mit, wenn man die Lieder kannte, und schüttete den Alkohol in großen Portionen in sich hinein. Alles war laut - sehr laut! Das ließ auch kaum nach, als das Ministerium einmarschierte. Ab etwa Hälfte des Saales hatte kaum einer Interesse an dem, was auf der Bühne geschah. Es sei denn, da hüpften ein paar hübsche Mädels im Takt einer aktuellen Diskonummer herum. Ringsum an den diversen Theken und Bars feierten sie ihre eigenen Sitzungen.

Ich wollte zunächst meine im südhessischen Raum sehr erfolgreiche und stark belachte Büttenrede vom Spanienurlaub eines etwas beschränkten Bäuerchens und danach ein paar meiner bekanntesten Lieder vortragen. Vor mir war Gemündens Starbüttenrednerin Ute Golde dran, die das Ortsgeschehen glossierte. Ihr zugehört hat kaum einer. Allerdings verstand man auch vor lauter Krach kaum etwas. Das kann ja heiter werden, dachte ich - und das wurde es dann auch:

Da stand ich nun in der Bütt, erzählte die Geschichte, bei der sich eine Woche zuvor bei uns unten alle vor Vergnügen gekugelt hatten, und erzielte hier oben keinerlei Reaktion. Wenn ich nach unten sah, blickte ich in erstaunte, verständnislose Gesichter, die keine Miene verzogen und selbst bei den stärksten Gags nicht lachten. Ich sprach wie gegen eine Wand!

Vielleicht liegt's am Dialekt, dachte ich und schaltete auf eine Art hessisches Hochdeutsch um. Wieder nix! Ich hätte kotzen mögen und begann die Rede schleunigst zu kürzen, damit ich schnell von dieser Bühne kam. Von Büttenreden würde man hier oben nicht viel halten, wurde mir später erklärt. Hier stünde man mehr auf Tänzen und Playback-Shows. Warum hatte mir das keiner *vorher* verraten?

Mein musikalischer Auftritt war kaum erfolgreicher. Zuerst hatte ich ein Kabelproblem mit dem Keyboard, dann mit der Gesamtübertragung. Es muss wie Hund geklungen haben, und erst, als ich allgemein bekannte Gassenhauer spielte, kam so etwas wie Leben in die Bude. Alles in allem kein Vergleich mit einer Sitzung 150 Kilometer südlicher.

Ein Jahr später ging Gerlinde schon gar nicht mehr mit hin. Ich absolvierte, weil ein musikalischer Programmpunkt ausfiel, sogar zwei Auftritte, die wieder unter tontechnischen Problemen litten. Danach war für mich Schluss mit dem aktiven Gemündener Karneval. Der und ich passten irgendwie nicht zusammen. Man sagt nicht ohne Grund, dass die beste Fastnacht in katholischen Gegenden gemacht wird. Und hier oben ist nun mal alles evangelisch! Helau!

Dass die Musikgeschäfte allgemein nicht mehr so gut liefen wie früher, habe ich gerade geschrieben. Auch in unserer alten Heimat Mainflingen servierten sie mich gnadenlos ab. Hatten sie sich 2004 beim Pfarrfest noch besorgt gezeigt, dass ich künftig von Gemünden aus nicht mehr hier spielen würde, erhielt ich Anfang 2005 von meiner alten *"Freundin"* Christina Grimm-Reinfurth einen Brief, dass sie sich zwar gern an mich erinnerten, mich aber nicht mehr benötigten, weil sie zwei junge Kirchenorganisten hätten, die gefördert werden müssten. Der Mohr hatte seine Schuldigkeit getan...!

Der Vereinsringvorsitzende Günther Heinzmann antwortete mir erst gar nicht, als ich anfragte, ob ich an der Mainflinger

Kerb, wie ein Jahr zuvor praktisch schon vereinbart, wieder im Bürgerhaus spielen sollte. Als ich das in einem Leserbrief an die *Offenbach Post* mit dem Thema *"ABSERVIERT"* mal erwähnte, hat er mich jahrelang nicht mehr angeguckt, wenn wir uns zufällig mal irgendwo trafen. Er ist mittlerweile verstorben. Möge er in Frieden ruhen.

Die letzte *richtige,* also in einem Studio neu aufgenommene CD war 1998 *Chilli con Sauerkraut* gewesen, danach waren praktisch nur noch Sampler herausgekommen. Na gut, wenn man beide Augen zudrückt, kann man vielleicht auch noch die 2000 erschienene CD *Husch, husch, husch - die Bimmelbahn* als neu produziert bezeichnen.

Ich selbst war allerdings nur für die der CD den Namen gebenden Nummer sowie für *So schee wie ihr* und die beiden Lesungen aus meinem Buch *Verzähl mer was* im Studio in Offenbach. Alle anderen Titel wie *Die Runkelreuweropp-maschin fährt tanzen, Ich bin so ccol, Venedig 2000* u. a. hatte Bernd Gruber zusammen mit dem Toningenieur Christoph Seipel aus vorhandenen Songs gestrickt. Was dabei herausgekommen war, war Geschmackssache. Dem einen

170

gefiel´s, dem anderen nicht. Mir selbst? Na ja! War halt gewöhnungsbedürftig.

Warum ich das von den CDs gerade jetzt und hier geschrieben habe, sollte lediglich zu der Tatsache hinführen, dass ich 2005 wieder mal im Studio war, um etwas Neues zu produzieren. Wieder keine ganze CD, sondern nur drei neue Lieder verbunden mit einigen alten zu *Querbeet 4 plus vier.* Die neuen Lieder waren *Heut sind die Weiber los, Und jetzt alles uff die Stühl* sowie *Der alte Michel lebt net mehr* in einer Radio- und einer Scheißhausversion (*deshalb plus vier*). Wobei die *GEMA* extra überprüfte, ob mein *Michel* auch tatsächlich ein von mir verfasstes, eigenständiges Lied und kein Ableger des *Randfichten*-Hits vom *alten Holzmichel* war. Was mir schwarz auf weiß bestätigt wurde. Offenbar hatten sich da einige andere Autoren auf die *Randfichten*-Version stürzen wollen und ebenfalls Autorenrechte dafür beansprucht, weil es ja eigentlich kein neues Lied und vermutlich sogar eine freie Nummer war. Ich weiß es nicht. Bei uns hatte das Ding früher *Lebt denn der alte Hanauer noch* geheißen. Und jetzt hatten die *Randfichten* eben ihre Bearbeitung von der *GEMA* schützen lassen. So ist das nun mal, wenn man schneller als die anderen ist. Bei mir war das mit *Du altes Arschloch, du lebst ja aach noch* ähnlich gewesen. Das Ding war auch nur *unser* Song geworden, weil wir schneller als andere waren. Zum großen Ärger der anderen - u. a. von meinem Freund Roland Schneider, der kurze Zeit nach uns im Studio Walldorf erschienen war, um es ebenfalls aufzunehmen. Pech gehabt!

Für die Aufnahmen der drei neuen Lieder fuhr ich in ein Studio nach Flensungen, einem Ortsteil von Mücke, das von einem gewissen Marco Hisserich betrieben wurde und mir von meiner neuen Freundin Olga Orange empfohlen worden war, die ich bei Fernsehaufnahmen zur hessischen Fassenacht kennen gelernt hatte. Da hatte sie (er) mein Lied *Ich bin de schennste Mann von Hessen* in einer weiblichen Version gesungen.

171

**im Studio bei und mit Marco Hisserich.
Das Foto entstand Jahre später, als
ich schon - wie man sieht - am Kehlkopf
operiert worden war.**

Olga hieß eigentlich Thomas, war ein schwuler Mann und Travestiekünstler, für den/die ich in der Folge noch etliche Lieder schrieb, so fast eine ganze CD mit dem Titel *Wenn ich am Kissezippel zoppel.* Auch an seinem Jubiläumskonzert in der Jahrhunderthalle Hoechst nahmen wir 2010 teil und lernten dabei die mit Preisen und Trophäen nur so über-schütteten Volksmusikanten *AMIGOS* kennen, die trotz ihres riesigen Erfolges Menschen wie du und ich geblieben waren. Nur ihre Frauen schienen etwas abgehoben zu haben. Aber vielleicht habe ich mich auch getäuscht. Sooo intensiv war unser Kontakt zu ihnen nicht gewesen.

In der Vorbereitungszeit zu Jubiläumskonzert und CD nervte Thomas/ Olga mich fast täglich mit stundenlangen Telefon-gesprächen, in denen er vom Hundertsten ins Tausendste zu sprechen kam, immer wieder hören wollte, dass auch alles so lief, wie er sich das dachte und alles auch wirklich okay war. Er verschaffte mir damals das eine oder andere Musikgeschäft und nahm auch an Gerlindes Trauerfeier teil. Nachdem die CD, für die ich in Mücke kostenlos die Playbacks einspielte, im Kasten war und das Jubiläumskonzert Geschichte, hörte ich kaum mehr etwas von ihm und zuletzt gar nichts mehr. Das sind die wahren Freunde, die man sich im Leben wünscht!

das Finale bei Olgas Jubiläums-Konzert
mit den AMIGOS

Ich nahm jetzt auch mit dem für die hessische Fassenacht zuständigen Redakteur des Hessischen Rundfunks, Axel Muger, Kontakt auf und schrieb ihm folgende Email:

"Hallo, Herr Mugler - von Olga Orange habe ich gehört, dass Sie Hessen lacht nun doch wieder aufleben lassen wollen. Das hatte ich Ihnen ja gleich geraten; denn was an hessischer Fassenacht in den letzten beiden Jahren über den Bildschirm gelaufen ist, war ja nicht gerade das Gelbe vom Ei. Bis auf die Weiberfastnacht - die gut war. Und ICH war dabei!
Nun wollen Sie also doch wieder Hessen lacht machen.

Toll! Sie wollten mich zurückrufen, taten es aber bisher nicht.
Vielleicht wollen Sie alte Böcke wie uns nicht mehr dabei haben? Dabei waren gerade die alten Böcke das, was Hessen lacht zum Erfolg gemacht hat."

Axel Mugler hatte in den beiden letzten Jahren, seit er die Redaktion von Heiner Schölling übernommen hatte, nur noch billig gemachte Aufzeichnungen von verschiedenen Karnevalssitzungen, so u. a. aus Seligenstadt, gebracht. Ich hatte - weil ich einfach nicht mein vorwitziges Maul halten kann - das ziemlich bösartig kritisiert, weil's wirklich nichts Gescheites gewesen war. Die Quittung dafür erhielt ich jetzt:

„Sehr geehrter Herr Adam,
zunächst muss ich mich dafür entschuldigen, dass Sie so lange auf Nachricht warten mussten - aber bei dem aktuellen Krieg der Frankfurter Narren ging es in den letzten Tagen ziemlich rund.
Nun zu Ihrer Anfrage - bzw. zu Ihrer Mail: Ihrer Einschätzung bezüglich der Fastnachtsproduktionen der vergangenen Jahre kann ich nur teilweise zustimmen. Unsere Reihe Hessen Helau! *ist im ersten Jahr sehr erfolgreich verlaufen, in diesem Jahr waren die Marktanteile noch immer über dem Durchschnitt. Dass wir wieder* Hessen lacht *machen, hat zum Einen mit der kurzen Kampagne 2008 zu tun, zum Anderen ist die Zahl der Vereine, deren Sitzungen wir übertragen können, endlich.*
Ohne dass ich den Begriff alte Böcke, den Sie verwendet haben, übernehmen möchte, ist Ihre Einschätzung im Kern richtig. Hessen lacht *wird von Grund auf renoviert, außer dem Titel wird es mit der alten Form nicht mehr viel gemeinsam haben. Nach Einschätzungen hier im Haus ist es an der Zeit, neue und bisher unentdeckte Mitwirkende an den Start zu bringen - auch die Moderation der Sendung wird ja nicht mehr der hochverdiente Karl Oertl machen.*

Die Zeiten ändern sich und insofern muss ich Ihnen auf diesem Wege für eine weitere Zusammenarbeit im Bereich Fastnacht leider eine Absage erteilen.
Gleichzeitig möchte ich mich aber herzlich für Ihr Engagement und Ihre Unterstützung in den vergangenen Jahren herzlich bedanken.
Mit freundlichen Grüßen..."

Natürlich war ich sehr enttäuscht über diese Antwort des Herrn Mugler, aber mehr noch war ich stinksauer. Ich brachte dies in weiteren, ziemlich frechen Mails an ihn zum Ausdruck, die die Lage kaum besser machten. Im Gegenteil. Axel Mugler antwortete zum Schluss erst gar nicht mehr.

Unserem Produzenten Bernd Gruber war es gar nicht Recht, dass wir an Fassenacht nicht mehr im Fernsehen dabei waren. Er muss Axel Mugler bis zur Verzweiflung bekniet haben, es doch wieder mit uns zu versuchen. Vielleicht war der Redakteur auch zur Einsicht gelangt, dass wir als Fassenachtsmusiker eben doch die besten waren. Jedenfalls trafen wir - Gruber, Mugler und ich - uns 2009 in einer Gießener Kneipe und machten einen auf Versöhnung. Der Erfolg:

Wir sollten 2010 bei *Hessen lacht* wieder mal unsere alte *Runkelroiweroppmaschin* singen.

"Und was machen wir, wenn die Leute eine Zugabe verlangen?", wollte ich wissen.

Es kam, wie ich vermutet hatte: Schon bei den ersten Takten der *Roppmaschin* stand das Publikum im Sendesaal des Hessischen Rundfunks, wo die Sendung aus Kostengründen jetzt produziert wurde, auf, klatschte und sang begeistert mit, und es war gut, dass wir noch *Mama guck* als Zugabe im Repertoire hatten.

2011 sangen wir dann außer der *Roppmaschin* noch *Und jetzt alles uff die Stühl,* wobei ich auf Veranlassung des Sicherheitsdienstes des Hessischen Rundfunks vor dem Lied bekannt geben musste, das verehrte Publikum möge trotz anders lautendem Inhalt des folgenden Refrains bitte vor und nicht auf den Stühlen herumtanzen, da man für eventuelle Unfälle keine Haftung übernähme.

Rückkehr zu "Hessen lacht"
auf Wunsch der Redaktion in bayrischem
Outfit, worüber sich viele Fans fürchterlich
aufregten

2012 hatte die Redaktion dann den grandiosen Einfall, uns die *Roppmaschin* zum Beginn der Sendung und Einzug der Mitwirkenden singen zu lassen und das auf zwei Verse gekürzt und sonst nix! Darüber war ich so erbost, dass wir noch vor dem Finale abhauten und erklärten, 2013 nicht mehr an der Sendung teilnehmen zu wollen. Aber das hätte sich durch meine Stimmbandprobleme sowieso von selbst erledigt.

Mit meinem Heimatrundfunksender HR4 nahm ich 2005 Kontakt auf. Dessen "*Firmensitz*", wenn man es so nennen will, war vor einiger Zeit von Frankfurt nach Kassel verlegt worden. Also gar nicht so weit von unserem neuen Domizil Gemünden entfernt. In der Nacht vom 4. auf den 5. Juli 2005 schrieb ich um 2:25 Uhr an den Musikchef Gerhard Schilling vermutlich in besoffenem Zustand folgende E-Mail:

"Hallo, Herr Schilling -
vielleicht erinnern Sie sich dunkel daran, dass es eine hess. Musikgruppe namens ADAM UND DIE MICKY´S gibt, die in ihrer Mundart im Prinzip nichts anderes macht als Klostertaler, Paldauer usw.
In Ihren Programmen kommen wir leider nicht vor. Weil Sie unsere Musik wahrscheinlich in die Kategorie "Fassenacht" einordnen. Dabei habe ich auf all meinen Platten bisher nie einen auf Karneval zugeschnittenen Titel veröffentlicht. Da gibt es kein "Heute feiern wir Fassenacht", "Helau, wir sind schon wieder all besoffen" oder "Hessen lacht zu Fassenacht un mir sin aach debei!" Selbst meine heimliche "Hessenhymne", die wenigstens ab und zu im Wunschprogramm des HR 4 vorkommt, ist eigentlich nie ein Fastnachtsschlager gewesen.
Langer Rede kurzer Schwachsinn:
Ich möchte gern in einem persönlichen Gespräch mit einem Ihrer Moderatoren in Ihrer Sendung "Gude, Servus usw." - die ich übrigens immer höre - widerlegen, dass ADAM UND DIE MICKY´S Fassenachtsmusiker sind. Sie werden sich wundern, was ich als Beweise dagegen anführen kann.
Wenn Sie möchten, stehe ich Ihnen am 16.7. und auch die beiden Samstage danach zur Verfügung. Und in Ihrer Nähe wohne ich jetzt auch - Gemünden (Wohra) - das ist in der Nähe von Frankenberg.
Auch einen neuen Hit kann ich mitbringe: Ich habe den alten Holzmichel endlich gekillt! Im HR Fernsehen waren wir damit schon. Text: "Hallo, Leute, hört mal her, der alte Michel lebt net mehr! Ein Blitz hat dieser Taache uffem Scheißhaus (Radio-Version: Häusje) ihn erschlaache."

Ich würde mich freuen, von Ihnen zu hören und mich mal richtig mit Ihnen für die hess. Volksmusik, die der HR so sehr vernachlässigt, herumschlagen zu dürfen."

Die Antwort traf am gleichen Tag - auch per E-Mail - bei mir ein:

"Lieber Herr Adam,
vielen Dank für Ihr Schreiben und die leise Kritik an unserem Programm, die ich gut verstehen kann. Zu meiner Ehrenrettung muss ich sagen, dass ich schon als Kind ein riesiger Fan von Ihnen war. Mir haben einfach die witzigen Texte unheimlich gut gefallen. Als ich zum HR gekommen bin, habe ich versucht, dass mir die Firma Rockport LP´s, sprich CDs zukommen lässt. Dies war wohl nicht möglich. Also war das sicherlich kein böser Wille meinerseits. Seit über einem Jahr bin ich jetzt Musikchef von hr4 und bin dabei, unser Repertoire sukzessive zu erweitern. Und da gehören auch Sie dazu. Ich kann Sie also nur höflich bitten, mir CDs aus Ihrem reichhaltigen Schaffen zukommen zu lassen. Ein Interviewtermin sollte dann kein Problem sein. Ich bin allerdings bis September dahingehend ausgebucht. Wenn ich die Tonträger habe, würde ich Sie um Rücksprache bezüglich eines Termins bitten. Bis dahin verbleibe ich..."

In der folgenden Zeit tauschten Gerhard Schilling und ich nun etliche E-Mails aus, und dann lud er mich für den 3. September 2005 für die Sendung *Gude, Servus und Hallo* ins Studio nach Kassel ein. Und ich Depp hatte nichts Besseres zu tun, als ihm folgende Androhung zu schicken:

"...Ich freue mich unheimlich auf den 3.9., aber Sie dürfen sich nicht wundern, wenn ich da etwas gegen den Jodelsender HR 4 schieße. Wir brauchten viel mehr Sendezeit, um zu beweisen, dass auch wir Hessen Musik machen können. Die

vom HR bis jetzt leider noch nicht so recht unterstützt wird. Vielleicht ändern Sie das als Musik-Chef ja irgendwann. Und ich denke in dieser Beziehung nicht nur an mich!"

Das ging dem guten Gerhard Schilling nun doch etwas zu weit. Er reagierte verständlicherweise ziemlich säuerlich und nahm seine Einladung für *Gude, Servus und Hallo* umgehend zurück.

Es dauerte etliche Wochen, bis Gerhard sich wieder beruhigt hatte und mich erneut für die bewusste Sendung einlud. So fuhr ich dann Anfang November zu HR 4 ins Studio Kassel, lernte den beliebten Moderator Werner Lohr kennen und machte eine schöne Sendung mit ihm. Gerhard Schilling selbst war leider verhindert.

Und wieder konnte ich es nicht lassen, dem HR 4-Musikchef zu nachtschlafender Zeit und vermutlich mit leicht besoffenem Kopp eine E-Mail zu schicken. (*wer hat dieses Teufelsding bloß erfunden?):*

"...ich möchte mich noch einmal herzlich bedanken, dass ich an Ihrer beliebten Sendung teilnehmen durfte, auch wenn kein einziger Titel meiner neuen CD, die wir vorstellten und verlosten, gesendet wurde. Aber auch das muss man mal in seinem langjährigen Musikerleben erleben..."

Und Gerhard Schilling schrieb zurück:

"... Das ich nichts von der neuen CD im Programm hatte, war keine Absicht. Da Sie schon eine Weile nicht mehr zu Gast bei hr4 waren, habe ich mal ganz einfach einen Querschnitt Ihres Schaffens zusammengestellt. Und da habe ich vor allem auch darauf geachtet, dass Titel dabei sind, die sowohl populär sind (Best of Adam) und aber auch möglicherweise Wunschkonzerttrenner geben könnten. Dass ich es da mal wieder nicht richtig gemacht habe... nun denn.

179

mit Werner Lohr im HR 4 Studio in Kassel

Aber da ich ein breites Kreuz habe, passt Ihre Kritik schon. Von allen Künstlern, die ich persönlich kenne - und da gehören u. a. auch Paul Kuhn, James Last, Hugo Strasser, Slavko Avsenik, Udo Jürgens und und und dazu - sind Sie sicherlich ein ganz Besonderer."

Danach herrschte zunächst eine Weile Funkstille zwischen Gerhard Schilling und mir. Bis ich ab etwa März 2006 wieder anfing, mich nachts - wann auch sonst? - über mangelnden Einsatz von AudM während der Fastnachtszeit zu beschweren. Der Musikchef antwortet erst gar nicht mehr.

Das gleiche Theater gab es 2007 und 2008. Bis Gerhard schließlich scharf zurückschoss:

"Hallo Herr Adam, ganz kurz:

Ich habe keine Lust mehr, mich von Ihnen weiterhin in einer Art und Weise beschimpfen zu lassen und werde auf künftige Mails nicht mehr antworten..."

So war´s denn auch. Fortsetzung folgt.

Musikalisch hatte ich 2008 einen Erfolg, mit dem ich nicht gerechnet hatte. Hier ein Bericht aus der *OFFENBACH POST* vom 1. Februar:

"Großer Erfolg für die Stimmungsband Adam und die Micky´s. Das Hessische Fernsehen hatte die beliebtesten Fastnachtslieder der Hessen ermittelt und die Musiker um Dieter Adam, der lange Jahre in Mainflingen gewohnt hat, kam dabei mit seiner ‚Runkelroiweroppmaschin‘ auf den ersten Platz.

Mehr als vierzig fetzige Stimmungsmacher aus den Hochburgen der Fastnacht standen zur Auswahl, darunter unsterbliche Titel wie Gell, du hast mich gelle gern *und* Rucki Zucki. *Präsentiert wurde das Ergebnis dieser Tage von Holger Weinert. Die hr-Fernsehsendung zeigte Ausschnitte aus den 25 beliebtesten Faschingsliedern, eine amüsante Zeitreise*

zum Mitsingen und Schunkeln, garniert mit ganz persönlichen Erinnerungen beliebter hr-Moderatoren und prominenten Zeitgenossen. Sie ist noch einmal am Rosenmontag, 4. Februar, ab 22.15 Uhr zu sehen. Rund 10.000 Hessen haben dabei an der Internetabstimmung teilgenommen.

Die Platzierungen: 2. Humba, humba, tätärä, Ernst Neger; 3. Am Rosenmontag bin ich geboren, Margit Sponheimer; 4. Viva Colonia, Höhner; 5. Heile, heile Gänschen, Ernst Neger."

Gerlinde und ich hatten die Sendung am Bildschirm verfolgt und uns einen guten Mittelplatz zugetraut. Als die Top 10 er-

reicht waren, hakten wir die Sache ab und nahmen an, dass wir nicht unter die letzten 25 gekommen waren. die gezeigt wurden. Als Holger Weinert *(links)* bei Erreichen von Platz eins plötzlich etwas von der Wetterau und Rüben zu quasseln begann, fielen wir uns vor Freude um den Hals. *Adam und die Micky's* hatten es geschafft und alle anderen Fassenachtsgrößen hinter sich gelassen. Von da an wurde die Sendung jedes Jahr an Fastnacht mehrfach wiederholt, und immer wieder erreichten mich Glückwünsche, weil wir gewonnen hatten. Auch, als das Jahre her war!

2008 bahnte sich auf der Seite von *Adam und die Micky's* bei wkw (*Wer kennt wen*), dem deutschen Facebook, etwas an, das bald größere Ausmaße annehmen sollte. Damit begonnen hat mein Freund Uwe Stephan, indem er am 8. Oktober ins Forum schrieb:

"Hallo Freunde von Adam und die Mickeys, habe so den Eindruck, als wäre diese Gruppe ziemlich lahmarschig. Hier geht es drum, die einzige Kultband von Hessen nach vorne zu

bringen und das Bewusstsein vieler Leute zu schärfen. . ."

Uwe und ich frotzelten hin und her, bis sich am 10. Oktober eine gewisse Evelyn Kreis einmischte:

"Hallo Leute, dachte auch hier is e bissche mehr los... Also ich hab Adam & die Micky's das erstmal in der Eschborner Stadthalle Anfang der 70er gehört. War mehrmals da, wenn der Schützenverein Eschborn dort seine Feier hatte und die Schützenkönige und Königinnen gewählt wurden. Hatten damals schon super Musik gemacht. Man konnte klasse drauf schwofen. Foxtrott bis zum Umfallen oder bis eim die Füße weh taten. Damals waren noch Stiletto angesagt... Heut bin ich froh, wennich auf 5 cm hohen Schuhen laufen kann)))))

Wann is denn ma wieder was zu hören im Frankfurter Raum oder Richtung Taunus??????"

Jetzt kam von Uwe der entscheidende Satz, der die ganze darauf folgende Aktion auslöste:

"Vielleicht sollte man mal ein Fan-Treffen im Frankfurter Raum organisieren. Das müsste allerdings vom Grossen Meister ausgehen. Ein Fest mit Äppelwoi un Worscht und dazu die Musik, die wir alle lieben.. . . . ."

Hier Originalkommentare aus wkw:

Christa Haufert - 10.10.2008 - 17.50 Uhr:

"Gute Idee, da wär ich auch dabei und mit mir sicherlich noch einige der Kärber Weiberfastnacht. Weil, ... wir lieben ihn heiß und innig."

Uwe Stephan - 10.10.2008 - 18:15 Uhr:

"Nach diesem Eintrag von Christa fiele mir auch schon eine Örtlichkeit ein, wo man eine solche Rakete steigen lassen könnte. Aber es fehlt ja noch die Stimme des Meisters"

Evelyn Kreis - 10.10.2008 - 20:18 Uhr:

"Un die wär, wenn ich ma neugirisch sei derf?"

183

Dieter Adam - 10.10.2008 - 22:27 Uhr

_"Der Meister liest und überlegt, ob er sich nicht in Adam und seine Jünger umbenennen soll!

Die Idee mit dem Fantreffen ist grundsätzlich nicht schlecht, nur...: Wie viele Fans, die sich auf dieser Seite hier eingeschrieben haben, würden denn tatsächlich kommen? Siehe Fastnachtfreitag in Karben. Da bekommen wir die Halle ja auch nicht richtig voll - und da ist noch ein tolles Programm dabei!

Über eines müssen wir uns doch alle im Klaren sein: Die wirklich große und erfolgreiche Zeit der Micky´s war in den 70er Jahren. Heute tröpfelts bloß noch so vor sich hin. Vom HR gibt´s so gut wie keine Unterstützung, von anderen Sendern ganz zu schweigen. Woher also sollen uns die Leute noch kennen, die uns bis dato nicht gekannt haben?

Wahrscheinlich könnten wir dieses Fantreffen in irgendeinem Wohnzimmer abhalten.

Noch einmal: Die Idee an sich ist gut, ob sie sich durchführen lässt, wage ich ein bisschen zu bezweifeln!"_

Jetzt wollten´s Uwe und die Hauferts (*Christa und Tochter Sandra*) aber wissen.

Sie kümmerten sich drum, dass wir in Karben den Saal bekamen, in dem wir immer die Weiberfastnachtsitzungen abhielten (*damals noch KSG Turnhalle Groß-Karben*), legten einen Termin fest, an dem das Fantreffen stattfinden sollte (*9. Mai 2009*) und schrieben über wkw ein Event aus, zu dem jeder, der daran teilnehmen wollte, sich anmelden konnte. Und weil 1969 unsere erste Single *Papa* erschienen war, wurde dem Kind der Name *40 Jahre Adam und die Micky´s* verpasst. Innerhalb kürzester Zeit hatten wir bei wkw über 500 Anmeldungen für das Fantreffen, von denen sich viele - wie man wusste - nur angemeldet hatten, weil sie sich immer und zu jedem Event anmelden.

184

die "Macher" des AudM-Fantreffens in Karben - von links Sandra, Uwe, Christa

Nun legten Uwe und die Hauferts erst so richtig los: Sie organisierten den Vorverkauf, machten Pressetermine aus, ließen Fanartikel wie T-Shirts, Baseballmützen u. ä. anfertigen, machten mit dem Wirt alles klar, damit auch hessische Speisen auf den Tisch kamen und holten die Kelterei Rapps als Sponsor ins Boot. Sie waren einfach unglaublich.

Was dann am 9. Mai 2009 über die Bühne ging, war der Hammer. Der Saal war proppenvoll mit einem - wie es die Presse nannte - *Mehr-Generationen-Publikum.* Und was für mich das Schönste an der Sache war: Andreas und Cathrin hatten Gerlinde überreden können, trotz Behinderung und Rollstuhl an unserem Even teilzunehmen! Als der Vorhang sich bei meinem Lied *Guden Dach, da wärn mer* öffnete und ich sie am ersten Tisch vorne sitzen sah, hätte ich am liebsten vor Freude geheult! Aber lassen wir - in Auszügen - die *Wetterauer Zeitung* erzählen:

"Guden Dach, da wärn mer", sang die Combo natürlich

gleich am Anfang - und alle an diesem Samstagabend begeistert mit. Denn in der KSG - Turnhalle feierten "Adam und die Micky´s" vor vollem Haus ihr 40-jähriges Bühnenjubiläum. Wenn auch manche Dieter Adam (Keyboard), Schorsch Lehr (Bass) und Matthias Winzenhörlein (Schlagzeug) noch nie live erlebt haben: Die Texte, Melodien und Hit-Parodien gehen allen leicht über die Lippen.

Oft wird im Publikum "Papas Plattenschrank" zitiert, in dem mindestens eine Schallplatte von Adam und die Micky´s stand und die so eine Art Liedgut in der Familie wurde. Denn Dieter Adams hessisch gereimten Lieder umfassen nahezu jeden Lebensbereich...

...Ein Teil des Publikums mag mit Dieter Adam, dem mittlerweile weißhaarigen und -bärtigen Chef der Gruppe gealtert sein. Aber jüngere Fans wuchsen nach. Mag auch das Mehr-Generationen-Wohnen noch in den Kinderschuhen stecken: Bei Adam und die Micky´s klappt zumindest schon das Mehr-Generationen-Feiern. Manche sehen aus, als seien sie eher auf einem Depeche-Mode - oder auf einem Hard-Rock-Konzert zuhause. Aber hier singen und schunkeln sie voll Begeisterung mit...

...DJ Tom von der Frankfurter Bembelbar (Anm.: Eintracht-Fan-Treff) ist überzeugt: "Als der (Adam) in den 70er Jahren angefangen hat, englische Hits auf Hessisch zu übersetzen, hat er diese Lieder für viele erst singbar gemacht."

...Dieter Adam zu Ehren tritt zwischendurch auch Travestie-künstlerin Olga Orange auf und bringt mit ihrem frechen Beitrag nicht nur das Publikum, sondern auch Adam zum Lachen... Darüber hinaus treten Mutter Christa und Tochter Sandra Haufert mit einer gemeinsamen Nummer auf, mit der sie bereits bei der Weiberfastnacht erfolgreich waren. (Anm.: Die Runkelroiwe auf verschiedene Melodien singen. z.B "Sag mir wo die Blumen sind" - "Sag mir wo die Roiwe sind" u .ä.)

"Des war ohne des Internet gar net möglisch", hesselt der Moderator Uwe Stephan, der die kleinen Pausen des gefeierten Künstlers mit Späßen und Anekdoten auffüllt.

...Innerhalb weniger Stunden hatte die Idee, ein Fan-Treffen zu veranstalten, dreihundert Kartenbestellungen gebracht, weiß Stephan zu berichten. Dabei hatte Adam angenommen, ein solches Treffen fände auch in einem x-beliebigen hessischen Wohnzimmer Platz.

Die Fans belehren ihn an diesem Abend eines Besseren und machen die proppenvolle KSG-Halle zu einem großen Wohnzimmer, in dem die Adam-und-die-Mickys-Familie mit dem Oberhaupt an den Tasten in gemeinsamen Liedern schwelgt."

Kleine Bildergalerie vom Fan-Treffen
(die Fotos schoss Thomas Lupus)

volles Haus beim Fantreffen in Karben

187

die Jubilare mit Moderator Uwe Stephan

Uwe Stefan mit Olga Orange

mein persönlicher Ehrengast GERLINDE, die zum
letzten Mal in ihrem viel zu kurzen Leben an einer
öffentlichen Veranstaltung mit mir teilnahm. Sie
starb am 10.3.2010 im Alter von 58 Jahren

die "Haufert-Sisters" bei ihrem Auftritt

189

der letzte "Überlebende" der 1. Formation der "Micky's" von 1969 - ich

noch ein Blick in den vollen Saal

die Doppel-CD zum 40-jährigen Jubiläum
"Die größten Erfolge"

Dies alles glaubte unser Produzent Bernd Gruber nun toppen zu können, indem er am 4. Juli in der Gelnhäuser Stadthalle unter dem Titel *Jubelkonzert mit Adam und die Micky´s* eine ähnliche Veranstaltung aufzog. Die war zwar auch recht gut besucht, aber: Es fehlte einfach die familiäre, intime Atmosphäre der wesentlich kleineren Kärber Turnhalle. *Es waren zwar mehr Besucher, als ich erwartet hatte, gekommen (ca. 450),* trotzdem gab es zwischen den Tischen - besonders im vorderen Bereich - etliche Lücken, während man in Karben praktisch Bauch an Bauch stand oder saß, was die Stimmung naturgemäß gewaltig fördert.

Und es war verdammt heiß in der Hütte!

Das *GELNHÄUSER TAGEBLATT* titelte seinen Bericht:

Faschingsstimmung in tropischer Hitze
Hunderte Fans feiern die hessischen Urgesteine in der Stadthalle.

Und dann - nach dem obligatorischen Eingangs-Blabla über mich und die Micky´s (hier Auszüge):

"...Vom Gelnhäuser Tageblatt präsentiert, erlebten die zahlreich erschienenen Fans einen Abend der ganz besonderen Art. Moderiert von Veranstalter Bernd Gruber und Charly Engert startete der Abend mit dem ersten Auftritt von Adam und die Micky´s... Schon beim Lied vom Hauskonzert waren die Fans zwischen acht und 80 Jahren textlich auf der Höhe

und sangen begeistert mit. Dann folgte Hit auf Hit... bevor es eine erste Pause gab.

Sie wurde von Sascha Krieger gefüllt, dem Gelnhäuser Liedermacher, dem man den Einfluss Dieter Adams anmerkte. Er zitierte Adams "Tante Maria", spielte den "Ameisenhaufen" des Gelnhäuser Originals Erich Caspar und erreichte mit "Mariacron" zum Ende seines Auftritts karnevalistisches Niveau.

...Dann kam die Stunde von Olga Orange. Mit ihrem witzigen Programm und dem passenden Schlappmaul sorgte die Travestiekünstlerin für Lachsalven im Publikum. Ständig im Dialog und mit spitzen

192

Bemerkungen für die Herren und Damen im Publikum sorgte sie für beste Unterhaltung und begeisterte mit dem Adam-Klassiker Ich bin der schönste Mann von Hessen. *Mit begeistertem Applaus wurde der originelle Auftritt von Olga Orange belohnt, bevor mit dem Duo Südwind der nächste*

Programmpunkt anstand. Die beiden Showmusiker Michael Heinzinger und Walter Burkard zeigten mit ihren 2,60 m langen Römischen Fanfaren, Bandeon, Saxophon und den brennenden Trompeten ihre Fähigkeiten als Multiinstrumentalisten und Entertainer. Als Erstes Alphorn-Duo der Bundesmarine sorgten sie für Begeisterung im Pubkum...

Für den krönenden Abschluss einer echten Fan-Party sorgten dann Adam und die Micky's, die erst nach zahlreichen Zugaben vom Publikum zum gemeinsamen Feiern entlassen wurden."

Nach einigen versöhnlichen E-Mails und vermutlich auch durch Fürsprache meines Produzenten Bernd Gruber war ich mit dem HR4-Musikchef Gerhard Schilling wieder einigermaßen ins Reine gekommen. Dies wurde durch die überaus erfreuliche Tatsache gekrönt, erneut zu einem Interviewtermin nach Kassel eingeladen zu werden. Auf meiner Website hörte sich das - anschließend - so an:

"Das war's dann also! Am 27. Juni 2009 besichtigte ich zunächst einen Großteil Kassels, weil die auf meinem Routen-

planer vorgegebenen Straßen einfach nicht zu finden waren. (Anm.: Navi hatte ich damals noch nicht) Irgendwie schaffte ich es dann aber doch, pünktlich im Studio Kassel von HR4 einzulaufen.

Musikchef Gerhard Schilling begrüßte mich freundlich, dann machte es "Klick", und plötzlich merkten wir beide, dass der jeweils andere eigentlich gar kein so übler Bursche war; der Beginn einer hoffentlich lange währenden Freundschaft!

Das Interview, das ich mit Moderator Werner Lohr führte, wurde mit dem "Runkelroiweroppmaschinmonteur" eingeleitet und verlief sehr locker und heiter. Wer´s gehört hat, wird das sicher bestätigen können.

Auch die Musikauswahl, die Gerhard Schilling getroffen hatte, war in Ordnung und zeigte nicht nur den "blödelnden" Adam, sondern auch den nachdenklichen.

Danke - Gerhard!"

Aus Kassel kam diese E-Mail. Merke: Wir waren jetzt sogar per Du!

"Lieber Dieter,
zunächst einmal vielen Dank für Deinen Besuch bei uns. Ich bin sehr froh, dass wir unsere Meinungsverschiedenheiten ausgeräumt haben. Dass wir aber auch noch toll miteinander können, das war so nicht zu erwarten. Ich denke, dass wir eine sehr gute und schöne Zusammenarbeit haben werden.

Zur Erinnerung schicke ich Dir hiermit die Bilder von gestern. Viele Grüße und bis bald mal wieder - Gerhard"

Und ich:.

Hallo, lieber Gerhard - auch ich möchte mich noch einmal ganz herzlich für die Einladung zu Deiner tollen Sendung bedanken. Für mich war von dem Moment an klar, dass wir miteinander können, als Du mich am Eingang abholtest und wir die ersten Worten persönlich miteinander wechselten. Da dachte ich: 'Das ist doch eigentlich ein sehr sympathischer Mensch, der gern lacht!' Und schon hatte ich Dich in mein dickes Herz geschlossen.

bei HR 4 - mit Gerhard Schilling (links) und Werner Lohr (rechts

Ich habe mir die Sendung gestern Abend noch einmal in Ruhe angehört und fand sie sehr lustig und kurzweilig. Die Titel waren abwechslungsreich ausgewählt und zeigten einen guten Querschnitt meiner Arbeit; also net nur den 'blödelnden' Adam! Und was Werner und ich zwischendurch gequatscht haben, wird unsere Zuhörer hoffentlich amüsiert haben. Alles in allem also eine gelungene Sache.

Ich freue mich auf unser nächste Zusammentreffen und - wie gesagt - wenn Dir wieder einmal kurzfristig jemand absagt: Gemünden liegt nur ca. 60 km entfernt. Ich bin sofort da, wenn ich gebraucht werde und natürlich zu Hause bin.

Alles Gute für Dich - Dein neuer Freund Dieter"

195

Und Gerhard Schilling schrieb:

"Lieber Dieter,
trifft genau meine Meinung. Gleich am Anfang dachte ich:
Nun, der ist doch ein echt prima Kerl. Mit dem wirste bestimmt
richtig gut können.
Und die Sendung hat meine Erwartungen mehr als über-
troffen. Wir haben - wie gesagt - hinter dem Pult gelegen.
(vor lachen) Klasse! Da gibt es unbedingt mehr davon.
Nächsten Monat habe ich Nachtprogramm. Da werde ich
natürlich einen Adam-Titel spielen, mit Aufsprecher voreweg.
Dann haben die Ossis auch was von uns Hessen.
Was die Bilder angeht - damit kannst Du machen, was Du
willst. Ich denke, so drei schöne Kerle müssen einfach auf Dei-
ne Homepage.
Ich bin sehr froh, dass ich mich so entschieden habe, wie ich
mich entschieden habe. Manchmal muss man eben auf seinen
Bauch hören. Leider ist meiner ein wenig kleiner als Deiner:-)
Sonst hätten wir uns schon viel Eher getroffen.
Dir eine gute Zeit und lass wieder mal was hören von Dir."

Ich war in der Ära Gerhard Schilling noch zweimal zu Gast
bei HR 4 in Kassel. z.B. gleich wieder im November 2009. Da
konnte man auf der Website von HR4 lesen:

Zu Gast bei "Gude, Servus und Hallo" - Dieter Adam
Samstag, 14. November 2009, 17.05 Uhr
Als wir ihn zum 40-jährigen Bestehen seiner Gruppe "Adam
und die Micky´s" im Monat Juni eingeladen haben, wussten
wir schon, dass sein Besuch in hr4 viele Fans haben würde.
Dass die positive Resonanz seines Interviews aber so immens
groß sein würde - da waren wir doch angenehm überrascht.
Und alles schrie nach einem Da Capo.

mit Gerhard Schilling (links) und Hermann Hillebrand

"Guden Dach, hier spricht der Adam"

Bei diesem Interview lernte ich Hermann Hillebrand kennen und schätzen und hatte es auch später, als ich meine Stimme verloren hatte und trotzdem mit neuen Produktionen bei HR 4 antreten durfte, wieder mit ihm zu tun. Davon später.

mit Hermann Hillebrand im Studio

Nachdem meine Gerlinde am 10. März 2010 gestorben war, war ein ganz wesentlicher Faktor, nicht ganz durchzudrehen, meine Musik. Natürlich spielte ich nicht mehr so oft wie früher, wo ich wöchentlich zwei, drei Mal, manchmal auch noch öfters unterwegs. war. Das wollte ich auch gar nicht mehr. Außerdem riefen auch nicht mehr so viele an, die mich mit oder ohne Micky´s engagieren wollten. Mir genügte, was an Geschäften hereinkam. Es war ordentliches Zubrot zu meiner Rente. Und es lenkte mich immer für ein paar Stunden wenigstens von meinen trüben Gedanken ab. Auch wenn mir bei manchen Liedern manchmal die Tränen kamen; nicht, weil sie so schlecht waren, sondern weil sie Erinnerungen in mir weckten. Weshalb ich diese Lieder zu spielen meistens tunlichst vermied.

Das Wichtigste an meiner Musik war, dass ich durch sie *"unter die Leute kam"*, wie man so schön sagt. Denn Freunde hatte ich in all den Jahren hier in Gemünden keine gefunden. Und ehrlich: Ich hatte auch nicht danach gesucht. Die Menschen hier lagen und liegen mir irgendwie nicht - und ich ihnen offensichtlich auch nicht. Wir sprechen, obwohl alle Hessen, eine andere Sprache.

Deshalb hatte ich hier oben - ich hab's schon mal angesprochen - musikalisch nie Fuß fassen können.

In Bad Zwesten hatte ich die Pächter des *"Keltic"*, Norbert und Elke Meise, kennen gelernt und mich mit ihnen ein wenig angefreundet. Dort spielen hatte ich nie gewollt, weil ich der Meinung war, meine Musik und ein Irish Pub würden nicht zusammenpassen. Meine Meinung hat sich bestätigt, als wir es dennoch zweimal versuchten. Der Besuch war beide Male mehr als mau. Und der letzte Versuch, ein Kappenabend, brachte mir sogar unnötigen Ärger ein.

Ich hatte den Text für ein WKW-Lied geschrieben und dafür die Melodie *"Du entschuldige, i kenn di"* des österreichischen Liedermachers Peter Cornelius benutzt. WKW war so etwas wie das deutsche Facebook. Ich war da Mitglied und ärgerte mich von Tag zu Tag mehr über die vielen unsinnigen und kopierten Meldungen und Sprüche, die man dort lesen konnte. Genau das nahm ich in meinem Lied auf die Schippe und erzielte damit viel Lacherfolg und zustimmenden Beifall, wenn ich es spielte. So auch bei diesem Kappenabend im *"Keltic"*.

Dummerweise filmte mich einer dabei mit seinem Handy, und weil die Aufnahme recht gut gelungen war, stellte ich Idiot sie in youtube ein und erntete auch hier begeisterte Zustimmung. Das brachte mich auf die tödliche Idee, das Lied *"richtig",* also im Studio, aufzunehmen und dann zum Downloaden anzubieten. Wie ich das seit 40 Jahren gewohnt war, schrieb ich den Originalautor, also Peter Cornelius, an und bat um seine Zustimmung für eine Subtextierung.

Statt mir seine Genehmigung zu erteilen, wie das unzählige andere Verlage und Autoren in meiner langen Musikerkarriere getan hatten, hetzte der Österreicher mir umgehend seine Rechtsanwältin auf den Hals, die mich mit einer Abmahnung beglückte und Kosten in Höhe von EURO 651,80 als Schadensersatz. Streitwert: EURO 10.000,00. Falls ich das Lied noch einmal singen würde, EURO 5.000,00 Strafe.

Ich wehrte mich natürlich mit Händen und Füßen gegen diese Strafe, aber es war vergeblich. Um weiteren Kosten aus dem Weg zu gehen, musste ich auf Anraten meines Rechtsanwaltes bluten. Und dem für diesen Rat auch noch EURO 69,61 bezahlen. Ein teurer Spaß für ein Lied, an dem ich nie einen Cent verdient habe, weil ich in den GEMA-Anmeldungen immer Peter Cornelius und nie mich als Subautor angegeben hatte. Aber mach das mal so einem österreichischen Schluchtenkacker klar! Zumal er, wenn ich das Lied als ordentliche Aufnahme veröffentlicht hätte, der Hauptnutznießer an der Sache gewesen wäre. Original-autoren verdienen an einer Parodie 11/12 der GEMA-Einnahmen, der Subtexter lediglich 1/12.

Weil ich das Lied nie aufnehmen oder singen durfte, den Text aber nach wie vor gut finde, weil er so ähnlich auch zu facebook passen würde, druck ich ihn hier ab. Ohne Melodie darf ich das nämlich:

Wenn ich moins uffsteh, des is emal so,
da muss ich erst Pippi un geh uff de Klo.
Ich wäsch mich, ich kämm mich, rasier mich
un schlupp in mei Hose.

Ich koch mir en Kaffee un schluck meine Pill,
damit dieser Blutdruck net mecht was er will.
Dann ess ich en Reisbrei mit Appel

direkt aus de Dose.

Ich hock mich an Laptop un klick we-ka-we
un guck nach de Leut, die ich jeden Daach seh,
un die ich mal erschendwann traf in em annere Lewe.

Da isse aach widder, die mich täglich nervt
un mir so e Zeusch schreibt, was die gar net derft,
un später beim Einkauf steht sie plötzlich vor mir beim
Rewe:

Du entschuldige, ich kenn dich,
bist du net die Alte,
die mir dauernd schreibt bei we-ka-we?
Die mir ständig dumme Sprüch schickt
un mich dämlich anblickt,
wann ich in moi Gästebuch seh?

Lädst mich oi in deine Gruppe:
"Wir sin schön trotz Schnuppe!"
Oder gar zum Heino-Event!
Ach, was war´s doch früher schee
ohne we-ka-we.
Da hat mer solche Leut net gekennt!

Als ich e Kind war vor ganz langer Zeit,
da stand kaan Computer zum Surfe bereit,
da schrieb mer en Brief noch per Hand
uff Papier un mit Tinte.

Des Telefon hing an em Draht in de Wand,
e Nachricht, die wurde per Post noch versand,
um Fernsehn zu gucke da ging mer
in Gasthaus "Zur Linde".

Da hat mer mit Omma Mikado gespielt
un net per Computer die Menschheit gekillt.
Da war die Luft sauber un's hat noch net sauer
gerääschend.

Da nahm mer noch selber e Buch in die Hand,
hat Kara Ben Nemsi persönlich gekannt,
un so e bleed Tussi wie neulich
wär dir nie begääschend.

Du entschuldige, ich kenn dich...

Soviel zu meinem musikalischen Wirken im *Keltic* und dessen Folgen. Das Lokal gibt es inzwischen auch nicht mehr. Es wurde abgerissen, weil der Besitzer dort ein Wohnsilo mit Eigentumswohnungen baute.

Am Silvesterabend dieses Jahres nahm ich nach jahrelanger musikalischer Abstinenz an diesem Tag wieder mal ein Musikgeschäft an. Ich wollte den Jahreswechsel immer mit meinem Schatz erleben, auch in den Jahren, als wir eigentlich auf jede Mark und später Euro angewiesen waren. Anfangs feierten wir mit Freunden, dann mit meiner Ex Anna und deren Mann Erwin, später mit den Wilhelms *(Schwager und Schwägerin)*. Zum Schluss waren wir an Silvester meistens allein. Was uns wenig störte. Gerlinde kochte etwas Gutes, dann spielten wir SkipBo und nach Mitternacht guckten wir gemeinsam in die Glotze bis wir die nötige Bettschwere hatten.
Diesmal gab es niemanden mehr, mit dem ich feiern konnte. Also nahm ich das Angebot, im Hotel Bergmann am Edersee zu spielen, an. Es schneite heftig, als ich dorthin fuhr, und man musste sogar den Zugang zur Eingangstür von hohem Schnee säubern, damit ich überhaupt ausladen und aufbauen

konnte.

Dem Wetter entsprechend war auch der Besuch. Viele, die Tische reserviert hatten, blieben lieber zu Hause. So war das Lokal, das eigentlich ausgebucht war, lediglich gut zur Hälfte gefüllt, als ich zu spielen begann. Es wurde dennoch ein sehr schöner Abend, und der Beifall bewies mir, dass ich die richtige Musikauswahl bot.

Um Mitternacht, als die Gäste sich umarmten und ein glückliches neues Jahr wünschten, trank ich allein auf meiner Bühne ein Glas Sekt und war in Gedanken bei meiner Gerlinde, egal, wo sie jetzt auch sein mochte. Vielleicht stand sie ja neben mir und wünschte mir ebenfalls ein glückliches 2011? Wobei Glück eigentlich zum Fremdwort für mich geworden war.

Die wenig später folgende Fastnachtskampagne brachte mir und den Micky´s einen erfolgreichen Auftritt in der Fernsehsendung *"Hessen lacht"* und viele Wiederholungen früherer Sendungen.

Meine neuen Lieder, die ich dem HR angeboten hatte, hatte dieser verschmäht und stattdessen *"Und jetzt alles uff die Stühl"* und die unvermeidliche *"Runkelroiweroppmaschin"* ausgewählt. Beides "olle Kamellen", die ich schon bei früheren "Hessen-lacht"-Sendungen gebracht hatte. Das von der Rübenerntemaschine sowieso seit 1990 jedes Jahr. Etwas war diesmal allerdings neu: Ich musste im Auftrag der Sicherheitsabteilung des HR vor meinem Lied *"Und jetzt alles uff die Stühl"* bekannt geben, dass bitte keiner aus Sicherheitsgründen auf den Stuhl steigen, sondern VOR selbigem herumtanzen möge. Begeistert beklatscht wurden wir von den Leuten trotzdem.

Adam und die Micky´s bei "Hessen lacht"
2011

bei "Hessen lacht" mit Matthias Winzenhörlein
und Norbert "Schorsch" Lehr
Warten auf den Auftritt

FINALE

FINALE
(My Way)

Ich war nie großer Star,
war immer nur e Randerscheinung;
war stets e ehrlich Haut, vertrat zu laut
oft meine Meinung.
Un hatt ich oft auch Recht,
bekam´s mir schlecht,
ich musst bezahle!
Un jetzt - zu guter Letzt:
Auf zum Finale!

Ich hab ganz gut gelebt,
doch vorgeschwebt ham mir Millione.
Ich bin so wie ich bin
un hab gelernt: Es geht auch ohne.
Die Zeit verging so schnell,
mein Spischelbild zeischt mir en Aahle.
Ich denk: Des bin ja ich
korz vorm Finale.

Zieh ich Bilanz un guck zurück,
so hatt ich Pech un oft aach Glück,
ich hab geflennt, ich hab gelacht,
mal schien die Sonn, mal hat´s gekracht,
grad un aach schrääch
so lief moin Wääch
hin zum Finale.

Ich wollt wie Mozart wärn,
mit Melodien soi Mussigg toppe.
Was blieb, des war e Lied,
in dem ging´s nur um´s Roiwe roppe.
Ich blieb e ganz klaa Licht
mit einem Kopp voll Ideale.
Der Traum is längst geplatzt:
Auf zum Finale!

Geht erschendwann der Vorhang zu
un einer ruft: Ab jetzt is Ruh!
Doi Zeit is um, du schräger Hund!
Lach ich ihn aus un saach: Na und?
Muss ich auch geh - es war doch schee
bis zum Finale!

Eigentlich hatte ich nach unserer Doppel-CD zum 40. Jubiläum von AudM keine CD mehr machen wollen. Meiner Meinung nach war *"Das Beste"* ein schöner, gelungener Abschluss meines musikalischen Schaffens mit meiner Band. Dann aber schrieb ich doch wieder das eine oder andere Lied, die *RRRM* und auch *Quellkartoffel* hätten eine modernere Fassung verdient gehabt, eines kam zum anderen.

Auch Bernd Gruber, mit dem ich mich nach unseren Querelen wegen von ihm geplanter und von mir nicht akzeptierter Veranstaltungen zu unseren Jubiläen wieder ausgesöhnt hatte, war von einer neuen CD recht angetan. Um Kosten zu sparen, spannte er den Liedermacher Sascha Krieger aus Gelnhausen ein, der seine Titel über ein eigenes Studio produzierte und das auch mit meinen Liedern tun wollte. Was dabei herausgekommen wäre, weiß ich nicht. Seine Aufnahmen klangen jedenfalls immer sehr ordentlich.

Als titelgebendes Lied sollte unbedingt meine hessische Version von *My Way* auf die neue CD, mit dessen Text ich dieses Kapitel begonnen habe. Über die GEMA machte ich den deutschen Verlag - Peer, Hamburg - des Liedes ausfindig und setzte mich mit diesem in Verbindung. Das Dilemma wie mit Peter Cornelius wegen meines wkw-Liedes sollte mir nicht noch einmal passieren. Diesmal sollten die Fronten vorab geklärt werden. Also schrieb ich am 19. Januar 2012 eine Email an den Verlag:

Hallo - als Chef der hessischen "Kultband" Adam und die Micky´s wende ich mich heute mit einer speziellen Bitte an Sie: Wir machen jetzt seit über 40 Jahren Platten/CDs in hessischer Mundart und wollten es nach unserer Doppel-CD "Best Of" zum 40jährigen Jubiläum eigentlich dabei bewenden lassen. Nun bedrängen uns aber die Fans, doch noch einmal etwas Neues abzuliefern und ich spiele mit dem Gedanken, es tatsächlich zu tun. Das kommt aber jetzt auch ein wenig auf Sie an, weil die CD "Finale" heißen soll - ein Lied, das auf "My Way" getextet wurde. Ohne Ihre Genehmigung geht natürlich nix: SIE nein - ICH nix mehr CD!
Natürlich sollen auch etliche andere Songs auf die CD, aber dieses wäre mir halt wichtig, weil es ein bisschen mein Leben widerspiegelt.
Ich schicke Ihnen meinen Text als Anhang und würde mich freuen, von Ihnen die Genehmigung zu einer Aufnahme zu bekommen.
Um sich über uns zu informieren, gibt es 2 Web-Seiten: www.musikadam.de und www.audm.de
MfG - Dieter Adam

Es dauerte eine halbe Ewigkeit, bis der Verlag sich dazu durchringen konnte, mir diese Genehmigung zu erteilen. Man begründete das damit, dass das Lied ja kein deutsches Werk wäre, sie selbst also nur Subverleger, und soundsoviel Erben damit einverstanden sein müssten, weil die Original-Autoren längst verstorben wären.

Und sie wollten eine englische Übersetzung meines

hessischen Textes haben, um den sich Bernd schließlich kümmerte, weil meine Übersetzerin, eine nach Amerika ausgewanderte Mainflingerin, nicht lieferte. Hier ist er:

I never was a great star
Always on the fringes
I always was an honest man
often spoke out too loud
Even when I was right,
It wasn't good for me,
I had to pay
But now, last but not least,
off to the Finale

I have lived quite well
but I imagined millions.
I am as I am,
and I have learned that I can do without,
Time has passed so fast
My mirror image shows an old man,
I'm thinking: That's just me
right before the Finale

I'm taking stock and I look back
I had bad luck and good luck
I have cried and I have laughed
Sometimes the sun was shinig, sometimes there was thunder.
straight and sometimes crooked
that was my way
to the Finale

I wanted to be like Mozart,
surpass his music with my melodies
what came out of it was a song,
that was only about picking beetroot

I stayed a shining light
the head full of ideals,
the dreams have long gone,
off to the Finale

And if the curtain falls one day,
someone shouts: from now there's silence
The time is out, you silly dog
I laugh at him and say: so what
Even if I have to go, it's been a blast
until the Finale

Soweit ich das mit meinem überaus dürftigen Englisch beurteilen kann, hat der Übersetzer oder die Übersetzerin das sehr gut gemacht. Und vom Verlag kam endlich, am 21. Juni 2012, auch die Genehmigung, das Lied für eine neue CD verwenden zu dürfen:

Sehr geehrter Herr Gruber,
wir haben heute nun endlich die Zustimmung unseres Original-
verlagspartners bekommen, die Veröffentlichung auf Tonträ-
ger der Textversion ‚Finale' zu unserem Subverlagswerk „MY
WAY" (COMME D'HABITUDE)" mit Adam & die Micky's zu
genehmigen. Allerdings haben wir die Zustimmung unter dem
Vorbehalt bekommen, dass eine Beteiligung des Textver-
fassers ausdrücklich ausgeschlossen ist.
Da die Klärung leider sehr lange gedauert hat (es müssen
immerhin 8 Autoren/Rechtsnachfolger gefragt werden),
erlauben wir uns die Anfrage, ob das Adam & die Micky's-
Album bereits fertig oder gar veröffentlicht ist. Sofern die
Aufnahme noch akut ist, bitten wir um entsprechenden
Bescheid, damit wir eine offizielle Veröffentlichungsfreigabe
liefern können. Diese können wir allerdings nur liefern, wenn
wir eine Freistellungserklärung des Textverfassers unterzeich-
net bekommen, dass seinerseits keine Ansprüche als Textbe-

arbeiter geltend gemacht werden.

Wir bedauern, dass die Klärung so viel Zeit in Anspruch genommen hat. Dies ist bei dem Welthit MY WAY leider keine Seltenheit.

Wir sehen Ihrer Antwort gern entgegen und verbleiben
Mit besten Grüßen
Angelika Payebien | Manager Business Affairs & Licensing
peermusic Germany/Edition Marbot GmbH

Nun hätten wir uns eigentlich voller Schwung und Elan an die Arbeit machen können, aber da war inzwischen etwas geschehen, mit dem keiner hatte rechnen können und das alles - vielleicht für immer - zunichte machte. Ich hatte plötzlich keine Stimme mehr!

Angefangen hatte es an Fastnacht oder gar noch früher. Ich war ständig heiser, schob das aber meiner jährlichen Erkältung in die Schuhe, in die mein Heuschnupfen in schöner Regelmäßigkeit überzugehen pflegte. Wenn wir als Band spielten, forderte ich Schorsch bei langen Stimmungstouren auf, meinen Part zu singen; aber da kam nicht viel! Wenn ich zu singen aufhörte, schwieg auch er. Er lernte es eben nie! Auch nach über 40 gemeinsamen Jahren nicht!

Auch mein Hausarzt, Doktor Rosenthal, hielt es anfangs nach eingehender Untersuchung meiner Atmungsorgane für einen Katarrh und verschrieb mir die üblichen Antibiotika. Und ich schleppte mich in den nächsten Wochen, auch musikalisch, so über die Runden, fuhr sogar noch einmal nach Pfronten in den Urlaub, weil mir das meine Kinder zum Geburtstag geschenkt hatten, und sprach wie die hessische Ausgabe des berühmten Paten immer mit heiserem Ton.

Ich gab sogar das Rauchen auf. Zuerst stellte ich bloß auf elektrisch um und besorgte mir diverse Variationen dieser Zigaretten. Als keine mir so recht schmecken wollte, hörte ich von einem Tag auf den anderen ganz auf mit dem Qualmen.

210

Ich rauche elektrisch

Und es fiel mir nicht einmal besonders schwer. Na ja, hin und wieder juckte es schon. Aber ich blieb stark. Auch zugenommen wie beim letzten Versuch, mit rauchen aufzuhören, habe ich nicht. Und wenn, lag das an den Dominosteinen, Lebkuchenherzen u. ä., die man seit Ende August wieder bei REWE kaufen und futtern konnte. Was ich mit lüsternem Heißhunger und Wohlbehagen tat!

Als meine Heiserkeit sich nach meinem Pfrontenurlaub nicht gebessert hatte, überwies mich Dr. Rosenthal zu einem HNO-Arzt nach Bad Wildungen. Der diagnostizierte nach einer unangenehmen Untersuchung mit einem Metallschlauch durch die Nase in den Hals ein mögliches Karzinom auf den Stimmbändern und reichte mich an die Uniklinik in Marburg weiter.

Das erfreulichste an den Untersuchungen in der HNO-Klinik war die junge, hübsche Ärztin, die sie vornahm. Aber statt auf meine zaghaften Flirtversuche einzugehen, ließ sie nichts aus, mich zu quälen. Als sie endlich damit fertig war, wir uns über weitere Maßnahmen unterhielten und ich mich vorsichtig erkundigte, wann ich denn wohl wieder Musik machen könnte, lächelte sie milde und meinte, das könnte ich mir vorerst wohl mal abschminken. Ich begann Böses zu ahnen.

Am 25. Juni 2012 musste ich stationär zur Gewebeentnahme einrücken.

Haupteingang der Uniklinik Marburg, die in den kommenden Jahren so etwas wie eine ungeliebte zweite Heimat für mich wurde

Am 15. August rückte ich wieder in die Klinik zur großen OP ein, am 23. August, weil sie bei der vorherigen eventuell nicht alles erwischt hatten, zu einer weiteren. Nach diesen beiden Operationen ging es mir körperlich gut, irgendein Ton in meiner Stimme war allerdings nicht mehr erkennbar. Ich flüsterte und krächzte nur noch, und das besserte sich auch in den folgenden Wochen und Monaten nicht.

Professor Dr. Werner, der Chef der Marburger HNO-Klinik, versicherte mir in einem persönlichen Gespräch, dass sie den Tumor offenbar komplett erwischt und beseitigt hätten. Bestrahlung oder Chemo wäre zum Glück nicht notwendig. Meine Stimme käme auch wieder; nicht wie vorher, aber immerhin. Fastnacht? Schulterzucken. Vielleicht!

Christa Haufert von der Weiberfastnacht Karben meldete sich und teilte mir mit, dass sie mich auch ohne Stimme engagieren wollten. Singen würden sie selber. Vom OKV (*Offenbacher Karnevalverein*) hörte ich dasselbe. Selbst singen wollten die allerdings nicht.

Die Steinbacher Feuerwehr wollte uns im Januar 2013 für einen mehrstündigen Familienabend engagieren. Das traute ich mir nicht mehr zu und sagte ab. Die Frankfurter Spinner, bei denen wir wieder die Sitzung und die Damensitzung hätten spielen sollen, sagten ihre Veranstaltungen wegen interner Vereinsprobleme ab. Ich bemühte mich um keine anderen Veranstaltungen.

Spinnersitzung im Bürgerhaus Bernem Ffm.-Bornheim noch zu Sukkus Zeiten.
Wir warten auf den Anfang

Ich sagte - zunächst bis Ende August - auch alle anderen Musikgeschäfte ab. Darunter die alljährliche Eröffnung des Mainfestes auf dem Römer in Frankfurt, was besonders weh tat.

Stimmung - - -

- - - auf dem Römer

Auf dem Mainfest auf dem Römer hatten wir jahrelang gern gespielt. Wir waren am Freitag für die Eröffnung zuständig. Es begann damit, dass irgendein Vertreter der Oberbürgermeisterin Roth am Justitiabrunnen vor dem Rathaus ein paar warme Worte sprach. Dafür baute eine Beschallungsfirma extra eine bestimmt recht teure Lautsprecheranlage auf. War der Redner fertig, wurde die wieder abgebaut und wir legten mit unserer, für diesen Rahmen eigentlich viel zu schwachen Anlage los. Und sorgten innerhalb weniger Minuten dafür, dass der ganze Römer sang, schunkelte und sogar tanzte.

So spielten wir denn auch bis zu fünf Stunden fast ausschließlich unsere eigenen Lieder und sämtliche Knaller deutschen Schlager-, Volksmusik- und Ballermannschaffens. Die zahlreich anwesenden Japaner freuten sich, fotografierten und kauften sogar CDs.

Hin und wieder wollten Amis, die uns mit ihrem Besuch beehrten, unbedingt den Ententanz hören. Dann zelebrierte der ganze Römer eben den Ententanz. Stimmung pur.

Als Gast spielte immer ein vermutlich als Kind von der Wickelkommode gefallener Typ den ganzen Abend als unser vierter Mann Luftgitarre oder ein nur in seiner Phantasie vorhandenes Schlagzeug.

Ein Kuriosum am Rande:

Um das Mainfest unbelästigt feiern zu können, musste die Stadt Frankfurt einen am Römer wohnenden Nachbarn entweder finanziell für den Lärm entschädigen oder in einen von ihr bezahlten Urlaub schicken.

Doch, es machte Spaß, dieses Mainfest zu spielen. Und wenn sich dann eine Riesenpolonaise kreuz und quer über den Platz bewegte, jubilierte mein Herz.

Auch das "*Gebabbel uff de Weed*" begleiteten wir jahrelang musikalisch-hessisch und musste jetzt leider abgesagt werden. Wobei es sich bei "*de Weed*" um einen Platz in der Bad Homburger Altstadt handelte, gesäumt von einer etwas gehobeneren Äppelwoikneipe auf der einen und einem Griechen auf der anderen Seite, die den Abend *(und auch uns)* kulinarisch betreuten. So roch es denn aus der hessischen Ecke nach Handkäs, Rippchen und Sauerkraut und aus der griechischen nach Gyros, Tzatziki und Knoblauch.

Kaum noch Platz zum Atmen bei „Musik und Gebabbel" auf der Weed. (FR-Bild: Hoyer)

uff de Weed

Wurde in den Anfangsjahren *uff de Weed* tatsächlich noch gebabbelt, indem der frühere Leiter des Verkehrsamtes Bad Homburg heitere Geschichten erzählte und Interviews führte, waren wir später nur noch allein für die Unterhaltung der Gäste zuständig. Und die füllten den Platz bis zum Bersten.

"Als es um 19 Uhr losging, war selbst auf dem Backsteinmäuerchen rund um die Weed kein Platz mehr zu ergattern", schrieb die Frankfurter Rundschau.

Auch hier spielten wir fast ausschließlich eigene Lieder, die begeistert mitgesungen wurden. Was die Leute wiederum dazu animierte, sich in den Pausen auf unsere CDs zu stürzen. Wir haben nirgendwo anders so viele verkauft wie hier *uff de Weed.* Was wiederum damit zu tun haben mag, dass es hier zahlreiche Kurgäste gab, die unsere hessischen Songs zum ersten Mal hörten und davon offenbar sehr angetan waren.

Ein besonderes Erlebnis *uff de Weed* war, als eines Abends plötzlich eine Horde Rocker in Leder und mit Ketten behängt samt ihren Bräuten bei uns auftauchte und ich schon befürchtete, es könnte zu Krawallen kommen. Aber nichts dergleichen:

Die Rocker entpuppten sich als begeisterte Micky-Fans, kannten unsere Texte fast besser als wir und bestanden am Schluss darauf, sich unbedingt mit uns fotografieren zu lassen. Auch sollten wir beim nächsten Rocker-Meeting spielen. Aber daraus ist dann doch nichts geworden.

**mit Freunden von der "Bembelbar",
einem Eintracht-Fanclub,
uff de Weed**

Die Bemühungen einer Logopädin in Kirchhain, mir meine Stimme zurückzugeben, führten zu nichts, weshalb sie Frau Professor Dr. Berger, die damalige Chefin der Phoniatrie und Pädaudiologie-Abteilung der HNO Marburg, abbrach.

Den Schluss des Liedes, mit dem ich dieses Kapitel begonnen habe, habe ich damals umgetextet. Und das ging jetzt so:

**Und jetzt - moi Stimm is fort,
ich geh von Bord, sag leise "Gude!"**

Ich schalt moi Orschel aus
un geh nach Haus,
doch's Herz duht blute!
Es war 'ne schöne Zeit,
doch aus dem Borsch ward längst en Aale.
Time out - und der Hornist
bläst zum Finale!

Geht erschendwann der Vorhang zu
un einer ruft: Ab jetzt is Ruh!
Doi Zeit is um, du schräächer Hund!
Lach ich ihn aus un saach: Na und?
Muss ich auch geh - is schon okay.
I DID IT MY WAY!!!

Die Fassenacht 2013 geriet für mich/ uns zu einem Fiasko. Das war zumindest *mein* Empfinden. Es waren ja nicht mehr viele Termine, die wir/ich zu bewältigen hatten, aber wie diese wenigen abliefen, entsprach nicht so ganz meinen Vorstellungen.

Da waren zunächst die großen Veranstaltungen, die wir als Band bespielten. Ich hatte den Schorsch zwar in Gemünden antanzen lassen, um mit ihm als *"Leadsänger"* die wichtigsten Lieder, die er ja eigentlich alle schon seit Jahren kannte, zu üben. Standen wir auf der Bühne, bekam er Hemmungen und es kam nichts. Und *ich* konnte doch nicht. Es war zum Verzweifeln.

Dazu kam bei der OKV-Sitzung in der Offenbacher Stadthalle, dass der aus den Mombacher Bohnebeitel Sitzungen bekannte Redner *"der Pälzer"* (Ramon Chormann) uns anmachte, ob wir schon eingeschlafen wären, weil wir ihm zu wenig tuschen würden. Was wirklich nicht stimmte und vermutlich nur ein übler Gag auf Kosten der Band sein sollte. Und ich konnte ihm mangels Stimme nicht contra geben, was ich sonst über's Mikro getan hätte, weil ich mir von solchen überheblichen Arschlöchern nichts gefallen lasse. Und schon mal gar nicht völlig unberechtigt. Aber so nur Wut im Bauch und keine Chance, mich zu wehren.

Auch die Sitzungen der Kärber Weiberfastnacht waren für mich nicht mehr das, was sie jahrelang vorher gewesen waren. Ich konnte meinem Tusch nicht das zur Pointe des Vortrages passende Lied hinzufügen, wie ich es sonst immer getan hatte. Ich war nicht fähig, mangels Stimme eine Schunkelrunde zu spielen. Die kam von der Technik, und ich saß hilflos vor meinem Keyboard und schwor mir, mir das nie mehr anzutun. Auch das Finale, für das ich sonst minutenlang alte und neue Stimmungs-Hits spielte und sang, musste ich von anderen singen lassen. In diesem Fall von meinen *"Asbachlerchen"*, die das zwar brav erledigten, aber mir das Gefühl gaben, hier eigentlich völlig überflüssig zu sein.

Die Polonäse zum Abschluss der Sitzungen in Karben

220

Am Samstag vor Fassenacht spielten Adam und die Micky's zum letzten Mal zusammen und das bei der Sitzung des KV Enkheim. Das gleiche Dilemma wie beim OKV:

Der Schorsch bekam den Mund nicht auf. Danach war Schluss. Adam und die Micky's waren nur noch hessische (Fastnachts-) Geschichte.

AudM - die letzte Formation (von links)
Matthias Winzenhörlein, Norbert Lehr, ich

Für mich war am Samstag nach Fassenacht mit dem Heringsessen beim KV Enkheim Schluss, das ich wie immer in den vergangenen Jahren allein absolvierte. Auch das für mich völlig unbefriedigend, auch wenn man mir aus Dank für die letzten Jahre einen Fresskorb überreichte. Irgendwie hatte ich das Gefühl, dass sie froh waren, mich/uns endlich los zu sein.

Ich greife jetzt etwas vor:

Etwa Mitte 2013 erschienen Christa Haufert und ein paar andere Damen der Kärber Weiberfastnacht bei mir in Gemünden, um mit mir unsere weitere Zusammenarbeit zu besprechen. Ich erklärte ihnen, dass mit mir künftig nicht mehr zu rechnen wäre - und auch hier spürte ich förmlich die Erleichterung, weil ich freiwillig nicht mehr wollte oder konnte. Sie haben sich inzwischen mit einer Wetterauer Zweimann-band getröstet, die ihre Sache sehr ordentlich macht. *(Die hatten sie übrigens schon zum Karnevalsauftakt im November zuvor bei einer gemeinsamen Veranstaltung kennen gelernt und waren recht beeindruckt von ihr)* Ich war deswegen weder böse noch enttäuscht. Warum auch? Meine Zeit, die 13 Jahre eine tolle erfolgreiche, gemeinsame war, war vorbei. Sie wäre es auch ohne meine Krankheit sicher bald gewesen.

's is Feierabend... Ich pack mein Krempel oi un geh nach Haus...

Auch andere Anfragen, die immer noch bei mir eintrafen, wies ich ab. AudM bzw. den Alleinunterhalter Dieter Adam gab es nicht mehr. An ein Comeback war wohl kaum mehr zu denken, auch wenn verschiedentlich Vorschläge, mit anderen Sängern neu zu beginnen, gemacht wurden. Mit meiner Kanüle im Hals und der Notwendigkeit, immer mal wieder den Schleim abzusaugen, sah ich keine Möglichkeit, noch einmal auf die Bühne zurückzukehren. Auch wenn's noch so gejuckt hat, wenn ich sah bzw. hörte, was andere Kollegen für einen Scheiß produzierten und ich wusste, ich könnte das eigentlich besser.

Nach einem Hollandurlaub 2013 nahm ich an einem Frühschoppen in Petterweil teil, den mein FB-Freund Luis Berger, den ich persönlich bis dahin noch gar nicht kannte, mit seinen Mädels Petra "Küddy" Kütenbrink, Carola Bachmann und Margit Ebelshäuser musikalisch bespielte. Als ich die Halle betrat, legte Luis meine *"Quellkartoffel un Dupp Dupp"* auf - und alle sangen begeistert den Refrain mit. Danach wollten sich viele mit mir fotografieren lassen. Ich war gerührt, dass ich offensichtlich immer noch etliche Fans hatte und noch nicht ganz vergessen war.

mit jungen Fans beim Frühschoppen in Petterweil

In den folgenden Monaten besuchte ich ein paar von Luis Berger und später von Petra Küddy Kütenbrink veranstaltete *"Künstlerstammtische"* in Steinheim bzw. Hanau und durfte hier ähnliches erfahren. Das war mir dann fast schon peinlich, weil ich keiner bin, der sich gerne in den Vordergrund drängt. Ich habe Küddy dann wenigstens so weit gebracht, dass sie nicht mehr sogleich die *"Runkelroiwe"* auflegte, wenn ich den Veranstaltungsraum betrat.

Luis Berger mit seinen Mädels - auf diesem zusätzlich dabei: Sandra Madison Roth (lks.)

Dass ich neben Luis Berger auch noch Carola Bachmann und Margit Ebelshäuser - beide übrigens sehr gute Sängerinnen - kennen lernte, hatte oder hat einen bitteren Beigeschmack: Beide Damen sind inzwischen ihrem Krebsleiden erlegen. Carola mit nicht einmal 40 Jahren. Kurz vor ihrem Tod erfüllte sich noch ihr sehnlichster Wunsch: Helene Fischer rief sie an und plauderte eine ganze Weile mit ihr. Ich rechne Helene das hoch an.

mit Birgit Magel *(Mitte)* und Silvia Eck *(dahinter)*

mit Luis Berger und Margit Ebelshäuser

In der Fastnachtskampagne 2014 holte ich nach, was mir in all meinen Jahren in Mainflingen nie gelungen war: Ich nahm an einer der berühmten Sitzungen der Sängervereinigung Mainflingen im dortigen Bürgerhaus teil. Als sie zum Finale mein Mainflinger Lied sangen, hätte ich heulen mögen:

"Irgendwo im Hessenland lieht e Dörfche dort am Maa, wo nur lauter Schimmel wohne - ob se groß sin odder klaa.
Viele sin schon hier geborn, manche lerne Hessisch, aber alle, die hier läwe maahne: Da gehör ich hie!

In unserm klaane Nest fühl ich mich pudelwohl, ich möcht nie wieder weg von hier, noch net mal nach Tirol. Hier kenn ich alle Leut, hier bin ich nie allaa, un dieses Nest heißt Maaflinge, heißt Maaflinge am Maa."

Alle sangen begeistert mit, und weil ich ausdrücklich drum gebeten hatte, wurde auch kein großes Aufhebens darum gemacht, dass ich - der Autor des Liedes - persönlich anwesend war. *(Das hatte sich sowieso inzwischen herum-*

gesprochen, und viele hatten mich auch schon persönlich begrüßt)

An dieser Stelle will ich folgendes noch einmal ausdrücklich betonen, weil es genau deshalb für mich um so unverständlicher ist, was später mit mir passierte:

Ich nahm nach meiner Stimmband-OP im Jahre 2012 regelmäßig alle Vierteljahr den Nachuntersuchungstermin in der HNO-Klinik in Marburg wahr. Diese Nachuntersuchung nahm in der Regel Chefarzt Prof. Teymoortash persönlich vor. Eine Kapazität in Sachen HNO, sagte man. Und der Befund war jedes Mal derselbe:

In meinem Hals nichts Neues - alles okay! Keine Anzeichen dafür, dass der Tumor irgendwelche Metastasen gebildet hatte. Ich schien krebsfrei zu sein.

Und dann kam dieser denkwürdige 24. August 2014.

Nach einer wunderschönen Flusskreuzfahrt von Passau nach Budapest und zurück war ich an diesem Sonntag bei meiner Tochter Cathrin zum Abendessen eingeladen. Mein Sohn Andreas und seine Frau Jana waren zu Besuch. Mir ging es nicht besonders. Ich hatte große Luftprobleme. In meinem Hals hatten sich Verdickungen gebildet, die da nicht hingehörten und nichts Gutes verhießen. Ich brach den Besuch bei Boucseins vorzeitig ab und fuhr nach Hause.

Am nächsten Tag suchte ich Dr. Stenner auf, weil mein eigentlicher Hausarzt, Dr. Rosenthal, wieder mal Urlaub hatte. Dr. Stenner sah sich die Sache an und überwies mich umgehend in die HNO-Klinik nach Marburg. Ich fuhr noch zur selben Stunde dorthin.

Auch hier keine besonders erfreuliche Diagnose: Verdacht auf Kehlkopfkrebs in fortgeschrittenem Stadium. Sofortige Operation nicht nur empfehlenswert, sondern lebensnotwendig.

Diese erfolgte am 26. August, nachdem mir Prof. Teymoortash tags zuvor schon den Hinweis gegeben hatte, dass man

vermutlich einen Luftröhrenschnitt vornehmen müsse. Was dann ja auch geschah. Ich erwachte mit einer Kanüle im Hals. Man nennt das Tracheostoma. Ich habe das Ding bis heute drin - und werde es vermutlich auch nie mehr los. Allerdings ist diese Kanüle heute wesentlich kleiner als damals. wo´s ein wahres Monstrum war und bestimmt 10 bis 12 cm vorn aus dem Hals ragte

Als ich erwachte, lag ich auf der Intensivstation und war reichlich benommen. Besonders gut zu gehen schien es mir nicht. Alle meine Kinder - sogar Tanja - waren da. Man schien mit dem Schlimmsten zu rechnen. Ich musste eine Patientenverfügung und einige Vollmachten unterschreiben. Was das im Einzelnen war, bekam ich gar nicht so recht mit. Und überhaupt. Ich hatte Alpträume, wollte ständig aufstehen, fühlte mich von Gott und der Welt verlassen. Eine schlimme Zeit. Auch, dass ich nicht allein aufs Klo konnte, sondern fürs große Geschäft auf einen sog. Schieber. Das war mir besonders unangenehm, aber was wollte ich machen? Fürs kleine Geschäft hatten sie eine Leitung (*Drainage*) gelegt. Dadurch erledigte sich das praktisch von selbst.

Als es mir etwas besser ging, kam ich auf Station 121, die ich von meinen vorhergehenden Operationen schon kannte. In einem persönlichen Gespräch zusammen mit Cathrin und Andreas machte mir Prof. Teymoortash keine großen Hoffnungen auf viel Zeit, die mir eventuell noch bliebe. Man wolle es mit Bestrahlungen versuchen, den Tumor zu bekämpfen, und mit einer Art Chemo, weil ich wegen einer beschädigten Niere die normale nicht vertrüge. Wieder eine neuen Krankheit, von der ich vorher in all den Jahren nie etwas bemerkt hatte.

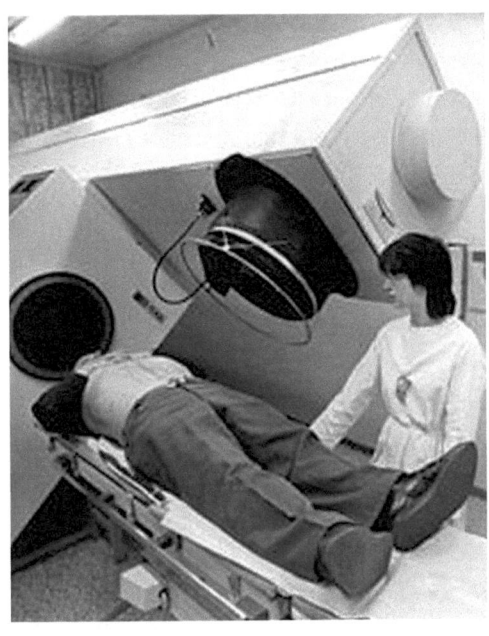

so ähnlich sah das Gerät aus, mit dem ich bestrahlt wurde

Ab September wurde ich dann in die Abteilung Strahlentherapie verlegt und unter die Obhut einer Frau Professor Dr. Engenhart-Cabillic gestellt. Auch mit ihr wurden mehrfach Gespräche im Beisein von Cathrin und Andreas geführt. Sie sah meine Zukunft nicht ganz so negativ wie Prof. Teymoortash, hatte sogar eine gewisse Hoffnung, mir vielleicht doch helfen zu können.

Und dann musste ich täglich zur Bestrahlung. Dazu wurde ich vom Transportdienst samt Bett in den Keller gefahren. Wenn ich Glück hatte, kam ich relativ schnell dran. Ansonsten hieß es warten - - - warten - - - warten - - -

Ich hatte bald raus, dass es genau 1 x *"Papa"* und fast 1 x *"Heut is widder Hauskonzert"* dauerte, bis die Prozedur des Bestrahlens zu Ende war und sang die Lieder immer - tonlos natürlich - vor mich hin. Damit verging die Zeit schneller. Ich habe es auch mit anderen Liedern versucht, aber die beiden blieben die idealen. Auch hatte ich - ich muss es zugeben - von einigen den Text vergessen und kam über die 1. Strophe nicht mehr hinaus.

Am 12. November 2014 hatte ich die letzte Bestrahlung. Am 13. wurde ich völlig überraschend entlassen. Ich war entsetzt. Zumal Frau Professor irgendwann gesagt hatte, dass sie mich mindesten acht Tage vor meiner Entlassung darauf vorbereiten würde. Davon wollte sie jetzt nichts mehr wissen. Hätte sie nie gesagt. Mir ginge es so weit ganz gut. Sie könne mich nicht länger hier behalten.

Cathrin und Andreas rotierten und versuchten, bei mir zu Hause alles für meine Rückkehr vorzubereiten. Vor allen Dingen musste die Diakonie verständigt werden, die täglich die Kanüle wechseln sollte.

Dann war ich zu Hause, und es funktionierte von Anfang an nicht so richtig. Nachdem die Diakonie am 17.11. die Kanüle nicht mehr reinbekam und auch der herbeigerufene Notarzt nicht, landete ich wieder in der HNO-Klinik in Marburg. Hier ein Auszug aus dem Arztbrief:

"Herr D.A. stellte sich am 17.11.2014 in unserer Klinik mit akuter Dyspnoe (Atemnot) bei dislozierter (gebrochener) Trachealkanüle vor. In der HNO-ärztlichen Untersuchung zeigte sich eine verborkte Trachealkanüle bei infiziertem Tracheostoma. Unter Berücksichtigung des vorliegenden Lokalbefundes erfolgte die Indikation zur stationären Wundpflege und Überwachung."

Am 20.11.2014 ein weiterer Befund:

"Psychoonkologisches Konsil: Herr A. stimmt einem Gespräch nur sehr zögerlich zu. Er berichtet, er habe vor vier Jahren seine Ehefrau verloren, seitdem sei ihm 'so ziemlich alles egal'. Beurteilung: Mit dem Pat. wurde (schriftlich) ein stützendes, psycho-therapeutisches Gespräch geführt. Herr A. bricht das Gespräch nach einiger Zeit ab, da ihm 'sowas nichts bringe'. Weitere Kontakte lehnte er ab."

Ja, ich hatte mich damals aufgegeben, wollte nicht mehr. Das war kein Leben mehr. Ich sehnte mich danach, endlich abzunippeln und vielleicht meine Gerlinde wiederzusehen. Obwohl - so recht daran glauben wollte ich nicht. Trotzdem. Ich war neugierig, was *DANACH* sein würde. Vermutlich gar nichts. Aber das konnte mir dann auch egal sein. Ich wäre ja tot gewesen.

Diesmal behielten sie mich bis zum 2. Dezember. Dann wurde ich zur Reha an die Sonnenberg-Klinik in Bad Sooden-Allendorf weitergereicht Ein neues Kapitel meiner Erfahrungen mit einer Klinik begannen. Besonders erfreulich waren sie nicht.

die Sonnenberg - Klinik

Die Oberaufsicht über mich hatte eine gewisse Oberärztin namens Dr. Cordula Haßler. Die schien von Anfang an keinen Pfifferling für mein Leben zu geben und redete mir das auch ständig ein, bis ich es selbst glaubte und auch davon sprach, eigentlich gar nicht mehr zu wollen. - - -

Die Oberärztin sah irgendwann keinen Sinn mehr in einer weiteren Behandlung und kümmerte sich über die Diakonie Gemünden darum, dass ich zu Hause palliativ weiterbehandelt werden konnte. Das hieß, dass ein Arzt oder eine Krankenschwester vor Ort ständig und zu jeder Tages- und Nachtzeit bereit sein musste, mich medizinisch zu versorgen.

(wikipedia: Ziel der Palliativmedizin ist es, dem Patienten ein beschwerdefreies (z. B. schmerzfreies) Dasein zu ermöglichen. Sie bejaht das Leben und ist gegen eine Verkürzung, allerdings auch gegen sinnlose Therapieversuche, die den Patienten belasten und verhindern, dass der Patient die verbleibende Lebenszeit optimal nutzen kann. Palliativmedizin achtet das Selbstbestimmungsrecht des Kranken. Er hat das Recht, Behandlungen abzulehnen und aufgrund des Verzichts möglicherweise zu sterben.)

Am 19. Dezember, Cathrins 39. Geburtstag, war in Gemünden alles bereit und das DRK brachte mich dorthin. Andreas und seine Frau Jana waren auch da und wollten bis nach Neujahr bei der Krankenpflege helfen. Cathrin sowieso. Selbst Tanja tanzte mal an und blieb über Nacht. Die medizinische Betreuung hatten ein Arzt, dessen Name mir entfallen ist und den ich auch nur einmal in den paar Tagen meines Heimaturlaubs zu Gesicht bekommen habe, und von der Diakonie eine freundliche Schwester namens Astrit übernommen. Letztere wurde dann auch ständig geholt, wenn meine Kanüle wieder Probleme machte - und das war leider sehr oft.

Weihnachten wurde bei mir in der Wohnung gemeinsam gefeiert, so weit man das bei mir überhaupt feiern nennen konnte. Und immer wieder musste Astrit anrücken, um meine Kanüle zu versorgen. Als dann auch noch die PEG, also mein Bauchschlauch, Schwierigkeiten machte und nichts mehr rein ließ, kam ich wieder in die Klinik nach Marburg - und dort auf die Palliativ-Station. Dort blieb ich bis Anfang Januar.

Jetzt kam Professor Teymoortash von der HNO auf die Idee, dass man vielleicht doch noch einen Versuch unternehmen könnte, mir zu helfen. Dazu wäre es allerdings nötig, mir den Kehlkopf total zu entfernen. Ich war mit dieser OP einverstanden, und sie wurde auf den 6. Februar 2015 festgelegt.

Aber was war mit mir bis dahin? Im Krankenhaus durften sie mich nicht behalten. Allein zu Hause war nicht vertretbar, denn ich war ja ein Pflegefall. Meine Kinder konnten sich aus beruflichen Gründen unmöglich um mich kümmern. Die Patientenbetreuung der Marburger Uniklinik schlug vor, mich auf Probe in einem Seniorenheim in Frankenberg unterzubringen. Dort wäre es ja sooo toll und das Zimmer, das mir zur Verfügung stünde, wäre eine Wucht. Andere Heimbewohner würden in dem in der Nähe vorbeifließenden Bach sogar angeln.

Die Altenverwahranstalt "Ederbergland" in Frankenberg

Wenn man die Patientenbetreuerin sprechen hörte, hätte man annehmen können, es gäbe keinen schöneren Ort auf der ganzen Welt als dieses Seniorenheim in Frankenberg.

Ab 19. Januar 2015 zog ich dort ein und fühlte mich von der

233

ersten Minute an unwohl. Das begann schon bei meiner Ankunft, als ich die klapprigen, zum Teil wohl dementen alten Dattergreise wie bestellt und nicht abgeholt im Eingangsbereich hocken sah. Mir lief ein kalter Schauer nach dem anderen den Rücken hinunter. *Zu denen sollte ich ab jetzt gehören?* Ich konnte es nicht fassen, aber dem war nun mal tatsächlich so. Vor einem Jahr noch - wenn auch schon gehandicapt - auf der Bühne und jetzt eingelagert in einem Greisenasyl!

Nähere Einzelheiten habe ich in meinen persönlichen Erinnerungen *SO WAR´S - ODER SO ÄHNLICH* geschildert und erspare sie dem geneigten Leser / der geneigten Leserin in diesem Buch.

Am 4. Februar 2015 ging es wieder zurück in die HNO-Klinik nach Marburg, weil Professor Teymoortash mir ja den Kehlkopf entfernen wollte. Angst hatte ich keine vor dieser OP. Mir war inzwischen alles scheißegal. Wenn´s schief ging - auch recht.

Es ging nicht schief, und ich war danach angeblich auch krebsfrei, aber die Nachwirkungen dieser OP waren ganz schlimm. Ich wünsche die Schmerzen, die ich aushalten musste, keinem anderen Menschen. Nicht einmal meiner *"Lieblingsnachbarin"* über mir - - -

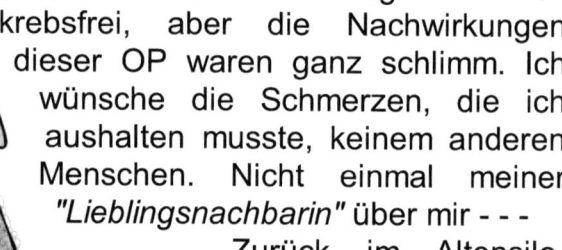

Zurück im Altensilo, setzte sich der Gedanke in mir fest:

Hier gehörst du noch nicht hin! Hier willst du so schnell als bald wieder raus! Ich begann, mit meinem Rollator immer ausgedehntere Spaziergänge rund um´s Haus zu unternehmen. Ich las jetzt viel, knackte unzählige Sudoku-Aufgaben und besuchte sogar mal einen katholischen Gottesdienst im Obergeschoss des Heims. Dabei entdeckte ich dort ein Klavier. Von da an schlich ich mich immer mal dort hinauf, setzte mich an dieses Klavier und spielte, was mir gerade so einfiel. Und ich machte den zweiten Band meines Ottokar-Kinderbuches mit dem Titel *"Ottokar mischt wieder mit"* an meinem Laptop druckfertig.

Den ersten Versuch, das Heim mal ohne medizinische Betreuung für ein paar Stunden zu verlassen, starteten Cathrin und ich, als ich eine stärkere Brille brauchte. Dazu fuhr sie mich nach Gemünden zum Optiker. Es gab keinerlei Probleme.

Der zweite Versuch folgte an meinem 74. Geburtstag am 16. Mai. Cathrin hatte für mich bei sich zu Hause eine kleine Feier organisiert, an der neben ihr und ihrer Familie auch noch Andreas und Jana, Tanja mit meinem Enkel Tyler sowie Cathrins Schwiegereltern teilnahmen. Essen und trinken konnte ich natürlich nichts. Dafür aber die anderen. Cathrin schrieb mir dazu:

"Lieber Papa - alles Gute zu diesem besonderen Geburtstag, von dem wir kaum geglaubt haben, ihn noch feiern zu können. Um so schöner ist es, dass du heute bei uns bist - mitten unter uns und wir dich drücken und feiern können! Ich wünsche dir, dass dein größter Wunsch sich bald erfüllt und du allein daheim leben kannst."

Am 20. Juni 2015 ging es endlich wieder nach Hause. Cathrin holte mich ab. Allzu viel Gepäck hatte ich ja nicht. Der Abschied verlief kurz und schmerzlos. Es gab keine Umarmung, keine guten Wünsche. Die Schwestern waren viel zu beschäftigt, als dass sie registriert hätten, als ich ging. Und ich legte auch keinerlei Wert auf eine große Abschiedsszene. Endlich fort aus dieser trostlosen Altenverwahranstalt. Und hoffentlich nie *"auf Wiedersehn"!*

ZUGABE

Und was machte ich nun den ganzen Tag, nachdem ich endlich wieder zu Hause war?

Ich habe mich zunächst einmal mit meiner umfangreichen Ablage im Büro beschäftigt und die Wohnung wieder einigermaßen auf Vordermann gebracht. Weil mir danach zumute war, habe ich mit meiner Tyros 2 *(Keyboard)* eine CD mit Liedern für meine künftige Trauerfeier aufgenommen, die ich *FINALE* nannte.

Und weil's so schön war, auch gleich noch eine mit meinen Lieblings-Oldies. *(Nawwelreiber)* Die gefielen meinem früheren Produzenten Bernd Gruber so gut, dass er sie sogar veröffentlichen hat. Dabei sind diese CDs wirklich nichts Besonderes. Einmal gespielt, abgespeichert und an Marco Hisserich, der ein Aufnahmestudio hat, per USB-Stick geschickt, damit er mir die CDs brannte. Da wurde nichts abgemischt oder kleine Fehler beseitigt. Also nichts Überwältigendes. Seltsamerweise haben sie aber schon etliche Unentwegte tatsächlich runtergeladen, was ich an den Abrechnungen sehen kann.

Dann fing ich an, alte Manuskripte zu bearbeiten und Bücher draus zu machen, die ich als *"book on demand"* selbst veröffentlichte (und immer noch veröffentliche) *"Ottokar mischt wieder mit"*, eine Fortsetzung meines erfolgreichen Kinderbuches *"Ottokar, das Zauberpferd"* erschien mit Harald Lutz, dem Betreiber der AudM-Website, als Herausgeber. Selbst heraus brachte ich *"Herz, Schmerz und Gänsehaut"*, eine Sammlung von Kurzgeschichten, die ich in den 80er Jahren für die Yellow Press geschrieben hatte. Und *"en Haufe Texte"* - *fast alle Texte von AudM*, das ich über FB fast hundert Mal selbst verkaufte und verschickte.

Alle Bücher hier aufzuführen, die ich bis heute herausbrachte, würde zu weit führen und gehört auch nicht hierher, weil ich mich hier auf mein weiteres musikalisches Schaffen beschränken möchte.

Da war zunächst einmal die Sache mit der neuen Adam-und-die-Micky´s-CD "NACHSCHLAG". Und das kam so:

Es müsste *(logischerweise, aber so genau weiß ich das nicht mehr)* um die Weihnachtszeit 2015 gewesen sein, als ich ein Video meines alten Liedes *(Weihnachten bei uns dehaam)* produzierte und mit dem Text unterlegte, weil ich ja nicht mehr selbst singen konnte. Das Lied hatte ich Anfang der 70er Jahre geschrieben, aber mit AudM nie veröffentlicht, weil die TELDEC es nicht wollte. Die FRANKFURTER RUNDSCHAU klagte damals in einem langen Artikel:

"... Weniger Humor scheinen die 'Weihnachts-Fans' zu haben, zumindest nach Ansicht der Musikverleger und Schallplattenproduzenten. Dieter Adams 'Omma" durfte 'ihr neu Gebiss' nicht unterm Christbaum finden. Oder anders gesagt: Das Weihnachtslied des Musikers war den Experten des Schallplattenmarktes zu 'hart' und wurde deshalb nicht in Rillen geprägt. Weihnachten soll nach dem Wunsch der Marktforscher noch immer die 'ewige weiße' mit den 'süßen klingenden Glocken" bleiben, auch wenn das nicht mehr so ganz stimmt..."

Otto Reuss

Dieses Lied nahm ich also auf und stellte es samt Text als weihnachtlichen Gruß in Facebook ein. Das schien meinem FB-Freund OTTO REUSS so gut zu gefallen, dass er meine Aufnahme als Playback benutzte und den Text in seinem Studio draufsang und mir schickte. Das wiederum gefiel MIR so gut, dass ich auf die grandiose Idee kam:

"Auf diese Art und Weise könnte man doch eine ganze CD machen. Ich nehme an meinem Keyboard ein paar Lieder auf und lass andere Sänger an meiner Stelle singen."

Ich dachte zunächst daran, einfach so aus Spaß einige meiner bekanntesten Lieder zu nehmen und fing auch schon an, mit meiner Tyros Playbacks aufzunehmen. Irgendwann erinnerte ich mich an die CD, die ich vor meiner Erkrankung geplant hatte und als Titelsong meine hessische Version des berühmten *MY WAY* haben sollte, für das wir ja sogar schon die Genehmigung des Verlages hatten. Und ein paar andere neue

Lieder gab es auch. Man wird sich erinnern: Ich schrieb davon.

Als ich meine Idee bei Facebook zur Diskussion stellte, zeigte man sich sehr angetan davon. Etliche Sänger meldeten sich und wollten unbedingt mitmachen.

Das fertige Produkt:
NACHSCHLAG
Freunde singen Adam-Lieder

Etwa zur gleichen Zeit hatte ich einen Einfall, der sich "BUR-KA-SONG" nannte:

Vers 1

Die Olga aß gern Flaaschworscht un war hässlich wie die Nacht.
Doch jetzt hat sie der Ibrahim ganz hippelisch gemacht.
Er nahm sie mit in die Moschee, jetzt liest sie den Koran.

Ich weiß net, ob des richtig ist, doch ihr hat's gut getan.

Refrain:

Seit die Olga Burka trägt, find ich sie viel schöner.
Seit sie sich Suleika nennt, frisst se nur noch Döner.
Seit die Olga Burka trägt, bin ich auf sie high.
//:: Zieht se ihre Burka aus, ist der Traum vorbei. ::/

orientalisches Zwischenspiel (Tyros 2 world 1 J - II)

Vers 2

Die Olga aß gern Rippcher und trank Biercher für ihrn
Dorscht
und glich in ihre Leggins einer prallen Lewwerworscht.
Jetzt meidet sie den Alkohol, die Leggins bleibt im
Schrank.
Sie is jetzt e ganz anner Fraa, dem Ibrahim sei Dank.
Refrain:

Seit die Olga Burka trägt . . .

Auch dieses neue Lied nahm ich auf die bewährte Weise auf, nachdem ich eine passende Melodie dazu komponiert hatte. Mein FB-Freund MANFRED GÄRTNER, selbst ein bewährter Komponist, schlug mir vor, den auf meiner Tyros vorhandenen Rhythmus "Oriental Pop" zu verwenden, an den ich gar nicht gedacht hatte und jetzt auch nahm. Es wurde ein sehr schwungvoller, und vor allen Dingen sehr lustiger Song. Auf meine Frage, wer denn Interesse hätte, dieses Lied eventuell zu singen, meldete sich ein Mann namens THOMAS BÄPPLER-WOLF. Künstlername: Bäppi La Belle.
Dieser Bäppi war ein bekannter Travestie-Künstler, der in Frankfurt sogar ein eigenes Theater hatte, das sich Thea-

trallalla nannte. Er erschien eines Tages mit seinem Musiker GABRIEL GROH bei mir in Gemünden, um an meinem Keyboard eine Art Grundplayback aufzunehmen, das Gabriel dann in seinem Studio bearbeiten und ausbauen wollte.

"Wie wolle mer´s mache, Gabriel Groh?"

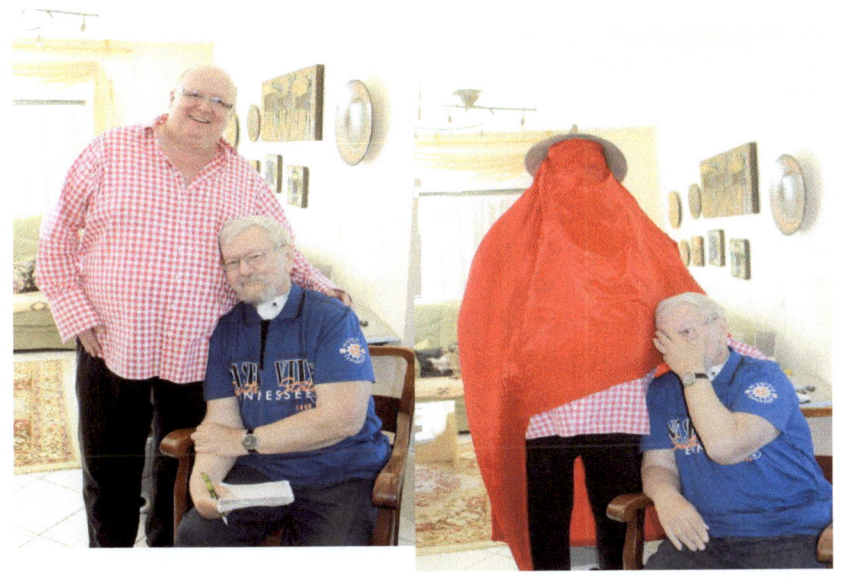

"...wenn der (die) Bäppi Burka trägt..."

241

Die Single - "Rückseite" - *Kriech ich en Wein*

Anfang 2016 fühlte ich mich wieder so fit, dass ich mir einen Opel Corsa zulegte, und nun wieder unabhängig durch die Gegend gondeln konnte. So u.a. zum 30. Bühnenjubiläum von Petra "Küddy" Kütenbrink und Harry Bauer, das sie Mitte August 2016 gemeinsam in der Käsmühl Offenbach-Bieber feierten. Wobei nicht jeder allein so viele Bühnenjahre auf dem Buckel hatte, sondern beide zusammengezählt. Auch hier wurde ich wieder sehr nett begrüßt.

Bei dieser Veranstaltung lernte ich Maria, eine junge Schauspielerin aus Leipzig kennen und verliebte mich ein bisschen in sie, was natürlich Blödsinn war, weil sie gerade mal 35 Lenze zählte und ich 75. In meinen Träumen spielte der gewaltige Altersunterschied keine Rolle. Also schrieb ich ein paar Lieder für sie und nahm sie sogar auf, in dem ich mit meiner Tyros Playbacks erstellte und mit meinem Sprachcomputer, den ich inzwischen hatte, den Text dazu sprach. Eins davon war *"Der alte Mann will leben".*

mit Küddy und Harry

mit Maria in der Käsmühl

DER ALTE MANN WILL LEBEN

Vers:

Mein Leben schien vorbei zu sein, die Urne war bestellt,
doch plötzlich fiel ein Sonnenschein in meine trübe Welt.
Mein Herz, das schon so müde war, ist wieder aufge-
wacht.
Ein strahlen schöner Frühlingstag zog auf aus dunkler
Nacht.

Refrain:

Der alte Mann will leben, seit du gekommen bist.
Er träumt von Glück und Liebe, auch wenn es Wahnsinn
ist.
Der alte Mann will leben, schnitzt Herzen in den Baum.
Wird traurig bald erwachen aus diesem süßen Traum.

Vers:

Mein Leben war die Einsamkeit, ein dunkles, trübes Tal,
und sollte es zu Ende geh´n, war mir das scheißegal.
Mein Herz war ausgebrannt und leer, zum Endspurt längst
bereit.
Ein Stern ging auf, der Hoffnung gab auf etwas Glück auf
Zeit.

Refrain:

Der alte Mann will leben...

Ich habe dieses Lied und zwei andere später sogar bei
Marco im Studio aufgenommen und es ist recht ordentlich geworden. Der Hessische Rundfunk hat es aber trotzdem ab-

gelehnt, sie zu senden. Warum, weiß ich bis heute nicht.

Ich habe dieses Lied, als ich im Oktober 2017 meine Gisi kennen lernte, Maria entzogen und das Video auf meine echte neue Liebe umgefummelt. Jetzt stimmt es und ist nicht mehr bloß der Traum eines alten Mannes.

Und noch ein Lied habe ich geschrieben, nachdem ich Maria kennen gelernt hatte. Das passte wesentlich besser und ist auch von Harry Bauer gesungen auf die CD **"Nachschlag"** gekommen:

**" Auch en aale Bock guckt gern nach junge Gaase,
doch die junge Gaase gucke net zurück.
Nur ne dumme alte Kuh blinzelt unserm Gaasbock zu,
doch für die hat unsern Macho keinen Blick..."**

Auch für Küddy habe ich 2016 drei neue Lieder geschrieben, aber die wollte plötzlich nicht mehr öffentlich auftreten und das war's dann zunächst mal. Ich habe auch diese Lieder aufgenommen, Videos mit unterlegtem Text davon

gemacht und den Sängerinnen bei facebook angeboten. JÜRGEN HOFIUS, mit dem ich schon etliches gemacht hatte (u.a. *"Aloa he, mein Arsch tut weh"* oder *Frankfurter Stars singen ihre Lieder*) übernahm den Song *"Du lügst, wenn du den Mund aufmachst"* produzierte ihn mit **Roswitha Karger**.

Sie hat inzwischen auch die beiden anderen Lieder *"Kroko-dilstränen"* und *"Starke Frauen"* aufgenommen, für die ich diesmal die Playbacks selbst gemacht und in Mücke eingespielt habe. Das fertige Produkt hat ganz ordentlich geklungen. Als ich diese Zeilen schrieb, war die CD aber noch nicht auf dem Markt. Aber vielleicht gibt´s auch keine, weil wir keinen Vertrieb haben. Dann war die Arbeit halt umsonst. Spaß hat sie auf jeden Fall gemacht.

Nun begann ich auch die Playbacks für meine geplante *"Adam-und-die-Micky´s-CD"* einzuspielen. Der Verlag von *"My Way"* blieb zwar bei seiner Genehmigung, das Lied mit meinem Text veröffentlichen zu dürfen, stellte aber plötzlich so hirnrissige Bedingungen dafür, dass ich L.m.a.A. dachte und eine eigene Melodie, ähnlich dem Original komponierte. Die Playbacks schickte ich dann an die vorgesehenen Sänger. Die sangen die Lieder nun entweder im eigenen Studio oder bei Freunden ein oder kamen nach Mücke. Tom Jet machte für den *"Butzbach-Rock"* sein Playback selbst und spielte mit Gottfried "Geoff" Frickel auch den *"Schorsch von Krotze-borsch"* ein. Den *"Burka-Song"* hatte Bäppi schon aufgenommen und mein Lied *"Ich bin die schennste Frau von Hessen"* mit Olga Orange war ebenfalls fertig. Ebenso das Weihnachtslied mit Otto Reuß. Lutz Adam fuhr extra nach Holland und nahm meinen Country-Song auf eigene Kosten dort auf.

Ich schrieb unterdessen ein Songbuch zur CD *"Nach-schlag"*, wie wir das gemeinsame Kind nennen wollten. Dieses Songbuch enthielt die Noten der einzelnen Lieder, die Texte, ein Bild des jeweiligen Sänger und seine Kurzbiografie. Dieses Buch spendierte ich jedem Mitwirkenden, konnte aber auch über Facebook bei mir bestellt werden.

Diese Lieder und Interpreten findet man auf der CD "NACHSCHLAG":

01 BURKA-SONG - Bäppi

02 FINALE - Reinhard Paul

03 COUNTRY MUSIC - Lutz Adam

04 AUCH EN AALE BOCK - Harry Bauer

05 IN UNSEREM STAMMLOKAL - Manfred Gärtner

Und das waren die "Freunde", die meine Lieder sangen

Zeigte sich mein früherer Produzent Bernd Gruber anfangs von meiner Idee, eine neue AudM-CD zu produzieren, begeistert, machte er plötzlich einen Rückzieher und wollte das gute Stück nicht mehr vertreiben. Begründung: Für ein Lied wie den *"Burka-Song"* würde er seinen guten Namen nicht hergeben. Sollte er es halt bleiben lassen. Also machten wir es mit Marco Hisserichs kleinem Label MELODY RECORDS.

Die Presse, so weit informiert, zeigte sich dagegen recht angetan von unserem Produkt. Hier wieder alle Berichte abzutippen, würde zu weit führen, weil sie im Prinzip alle das Gleiche schrieben.

HANAUER STADTPOST:
Freunde singen für Dieter Adam

Dieter Adams Lied über die "Runkelroiwe" (Runkelrübe) und das dementsprechende landwirtschaftliche Ernteinstrument, die "Runkelroiweroppmaschin" (RRRM, Runkelrübenrupfmaschine) gilt in Hessen als Hymne. Doch aufgrund einer schweren Krankheit hat Adam heute keine Stimme mehr. Damit seine Lieder dennoch weiter erklingen, haben er und befreundete Musiker ein ganz besonderes CD-Projekt gestartet...

...Dort (facebook) wurde dann auch die Idee seiner aktuellen CD "Nachschlag" geboren. Adam hatte die Playbacks eingespielt und sie an 18 verschiedene hessische Sänger geschickt, die sofort von der Idee begeistert waren.

18 neue und teilweise renovierte Lieder sind nun auf dem Sampler und bilden einen würdigen musikalischen Abschluss seiner Karriere. Zu hören sind unter anderem...

HANAUER ANZEIGER
Alle singen für Dieter Adam

Der Hanauer Musiker und Texter hat wegen Krankheit keine Stimme mehr, deswegen interpretieren Kollegen auf einer CD seine Lieder

Die Freunde singen für ihn

Trotz schwerer Erkrankung: Kult-Fastnachter Dieter Adam ist wieder da / Neue CD

OSTKREIS - Mit seiner Tanzkapelle "Adam und die Micky´s" war der Wahl-Mainflinger Dieter Adam einst Stammgast in den Fastnachtshochburgen der Region. Nach einer Kehlkopfkrebs-Erkrankung wird nun in der hr4-Sendung "Gude, Servus und Hallo" seine neue CD "Nachschlag" vorgestellt. Seine Freunde singen für ihn.

... seit rund zwei Jahren kann der Autor dieser Zeilen, im benachbarten Zellhausen aufgewachsen, nur noch schriftlich mit dem heute 75-jährigen in sozialen Netzwerken kontakten...
... Also lässt er andere seine Lieder singen und präsentiert in diesen Tagen seine neue CD mit Songbuch unter dem Titel "Nachschlag". Keine geringeren zählen zu seinen Freunden...
...Nun sind die Menschen der Region, die Dieter Adam vielleicht nur aus dem Fernsehen oder Radio kannten gespannt, welche Texte der ruhelose Zwangsrentner, der seit dem Jahr 2004 in Gemünden an der Wohra lebt, in seinen 18 neuen und renovierten alten Liedern im "Nachschlag" singen lässt...

Stummer Dieter Adam lässt für sich singen

"Die Runkelroiweroppmaschin" in neuer "Nachschlag"-CD mit Musikern aus de Region

Vom Inhalt her ähnelte dieser Bericht, weil vom gleichen Autor geschrieben, dem in der OFFENBACH POST

250

Freunde singen für Dieter Adam
CD in Mücker Tonstudio aufgenommen

Mücke (sf) Kürzlich hat Dieter Adam, bekannt als Mitglied von "Adam und die Mickeys" bei Marco Hisserich eine CD produziert, die Freunde und Bekannte eingesungen haben...
... Marco Hisserich von MelodyRecords ist noch immer begeistert, wenn er an die Aufnahmen in seinem Tonstudio zurückdenkt.

In der WETTERAUER ZEITUNG erschien auch noch ein großer Bericht, aber der bezog sich mehr auf meine Person als auf die neue CD. Deshalb lass ich ihn hier weg.

Ende November schrieb ich einen Brief an den jetzt für die Sendung "*Gude, Servus und Hallo*" auf hr4 verantwortlichen Redakteur Matthias Wilms, schickte ihm die CD und das Songbuch und fragte an, ob man die eventuell in der genannten Sendung vorstellen könnte, Die Antwort kam per E-Mail:

Hallo lieber Herr Adam,
gerne können wir einen Termin für die neue CD "Nachschlag"
für die Sendung "Gude, Servus & Hallo" vereinbaren.
Freie Termine gibt es aber erst wieder im neuen Jahr.
Im Januar geht der 14. oder der 21.
Im Februar ab dem 18.

Liebe Grüße
Matthias Wilms

Darauf ich - auch per E-Mail:

Hallo lieber Herr Wilms - da freu ich mich aber jetzt sehr und melde

*mich wieder, wenn ich 2-3 meiner Sänger gefunden habe, die mich
nach Kassel begleiten, weil ich selbst ja nicht mehr sprechen kann.
(bis dahin höchstens mit einem Sprachcomputer, um wenigstens mal
"gude" zu sagen)
Bis bald also - und vielen Dank.
Herzliche Grüße
Dieter Adam*
  Und dann:

*Hallo lieber Herr Wilms - ich werde mit Metzi, Manfred Gärtner und
Bäppi in Kassel antanzen.
Termin 14. od. 21.1. - wie es Ihnen lieber ist.
Ich schick Ihnen per Post auch noch etwas Informationsmaterial für
den Moderator. (wer wird's denn voraussichtlich sein? Mein Freund
Hermann?)
Und - 5 CDs mitbringen zum Verlosen? Ich werde auch noch 3
Bücher "En Haufe Texte" mitbringen, fast alle Texte von AudM mit
vielen Bildern und den Karikaturen von den Schallplatten.
Höre dann gern wieder von Ihnen hier per E-Mail; weil -
telefonieren können wir ja leider nicht mangels Stimme meinerseits.*

  Matthias Wilms:

*Hallo Herr Adam,
dann nehmen wir den 14. Januar, bitte um 17 Uhr 30 da sein
und 6 x das Album zum verlosen mitbringen*

Die Sendung wird voraussichtlich Hermann Hillebrand moderieren.

  Mit mir nach Kassel gefahren sind dann letztlich Bäppi, Manfred
Gärtner und Luis Berger, weil Metzi im letzten Moment absagte. Wir
machten zusammen mit Hermann Hillebrand eine tolle Sendung, in
der ich mit meinem Sprachcomputer auch einige Sätze sagte, die ich
vorher einprogrammiert hatte.
  Ein bisschen geärgert haben wir uns, weil hr4 sich strikt weigerte,
Bäppis „Burka-Song" zu spielen. Ihnen persönlich würde das Lied gut

gefallen, aber es gäbe sicherlich genug Deppen, die das in die falsche Kehle bekommen könnten und Ärger machen würden. Das wolle man tunlichst vermeiden.

Damit auch von Bäppi ein Lied gespielt wurde, nahmen wir kurzerhand seine Version von „*Kriech ich en Wein*", den 2. Titel seiner Single mit dem „*Burka-Song*". Der Song war zwar nicht auf „*Nachschlag*", aber der Text stammte ja auch von mir.

bei hr4 zusammen mit (von links) Manfred Gärtner, Hermann Hillebrand, ich, Luis Berger und Bäppi

Als die Sendung zu Ende war und wir uns verabschiedet hatten, herrschte draußen dichtes Schneetreiben. Trotzdem hatten sich ein paar Typen vor dem Eingang eingefunden, die unbedingt ein Autogramm von uns wollten. Was Manfred und Luis faszinierte.

Weniger Glück hatte ich, als ich „*Nachschlag*" dem HR-Fernsehen für die Sendung „*Hessen lacht zur Fassenacht*" anbot. Ich tat das über meinen alten „*Freund*" Axel Mugler und bot ihm sogar an, für die Sendung für einen Abend meine „*Micky´s*" zu aktivieren.

Axel Mugler zeigte sich sehr angetan von meiner Idee, teilte mir aber mit, dass er mit „*Hessen lacht*" nichts mehr zu tun hätte und alles an seinen Kollegen Torsten Hoensch abgeben hätte. Er würde ihm meine Unterlagen mit ein paar warmen Worten übergeben, und der würde sich dann bei mir melden.

Das tat dieser am 30.06.2017 um 14:53 per E-Mail

Lieber Herr Adam,

hier die von meinem Kollegen Axel Mugler angekündigte Rückmeldung. Da sich bei mir der Hessentag mit dem Urlaub die Klinke in die Hand gibt, hier ein kurzes Zeichen meinerseits, dass mich die Infos erreicht haben. Vielen herzlichen Dank dafür.

Eine etwas fundiertere Rückmeldung kann ich Ihnen allerdings erst im Spätsommer liefern.

Ich hoffe auf Ihr Verständnis und wünsche bis dahin eine gute Zeit.

Beste Grüße und bis bald,

Darauf ich:

Lieber Herr Hoensch - vielen Dank für die Info. Da ich ja eigentlich nicht mehr im Geschäft bin, habe ich für alles Verständnis. Es war auch nur so eine Idee von mir, weil auf meiner CD "Nachschlag - Freunde singen Adam" etliche schöne Titel sind, die prächtig zu "Hessen lacht" passen würden.
Weil man in einschlägigen Kreisen weiß, dass es "Adam und die Micky´s" seit 2013 nicht mehr gibt (ging schließlich durch alle Zeitungen, das man mir wegen Kehlkopfkrebs die Stimme entfernt hat), wäre es schon eine kleine Sensation, die Gruppe - wenn auch nur für einen Abend und nur als Staffage - auf den Bildschirm zurückkehren zu lassen. Aber das müssen Sie entscheiden. Ich dränge mich Ihnen gewiss nicht auf. Ich hatte meine Zeit bei "Hessen lacht"- und das war eine tolle und überaus erfolgreiche. Nicht nur ich, sondern auch Ihre Zuschauer denken gern daran zurück, was mir

immer wieder von allen Seiten bestätigt wird.
Nun wünsche ich Ihnen erst mal einen schönen Urlaub - und
vielleicht gefällt Ihnen meine Idee ja. Wenn nicht, werde ich mir vor
Verzweiflung bestimmt nicht meine letzten Haare ausreißen. (bei
facebook hat meine verrückte Idee übrigens ein durchweg positives
Echo gefunden)

Nun war erst mal wieder eine Zeitlang Ruhe, bis Herr Hoensch sich
dann wieder meldete:

...Ich habe Ihr Angebot weiterhin auf dem Tisch liegen, wühle mich
jetzt durch die Bewerbungen und muss das Casting Ende November
abwarten. Erst dann kann ich absehen, wie genau sich das
Programm gestaltet und ob die von Ihnen angebotenen Elemente
eventuell dafür infrage kommen.

Und dann am 12.12.2017 (!!!)

wie immer kommt meine Antwort spät, aber sie kommt. Von
irgendwelchen Entschuldigungen dafür sehe ich ab, nur eins für Sie
zur Info: die Casting- und die Auswahlphase ist soweit abgeschlossen
und das Programm für Hessen lacht steht. Dieses ist meines
Erachtens stimmig, nur lässt mich ihr Angebot noch nicht ganz los.
Was würde es konkret bedeuten, wenn wir z.B. die
Runkelroiweroppmaschin noch mal auf die Bühne bringen würden?
Würde das Stück dann von Holger M. gesungen werden? Wären Sie
dann auf der Bühne mit den Micky's dabei? Könnte es von unserer
Band zusätzlich begleitet werden?
Sorry, dass ich erst jetzt mit diesen konkreten Fragen komme, aber
wir mussten die Entscheidungsphase noch abwarten ...

Und ich:

Hallo lieber Herr Hoensch -
ich hatte mir das ursprünglich so gedacht, dass Sie einen oder zwei
Titel von der CD "Nachschlag" auswählen, die vom jeweiligen

255

Interpreten gesungen werden. Dafür wollte ich noch einmal die Micky´s mobilisieren - sozusagen als Kulisse zu dem Sänger, weil´s uns ja eigentlich seit 2013 nicht mehr gibt. Unser letzter Auftritt bei Hessen lacht war 2012.

Nun ist das ja alles ziemlich spät geworden und ich habe keine Ahnung, wer überhaupt noch frei wäre am Aufzeichnungstag (Freitag, habe ich gehört, gell?) Bei der RRRM wäre das Holger M., wie Sie schon sagten - mit uns (Micky´s) als Hintergrund. Und selbst bei den Micky´s weiß ich nicht, ob mein ehemaliger Drummer an diesem Tag nicht auch schon spielt. Aber das wäre kein Problem.

Wenn Sie mir konkret sagen "Ja, wir machen die oder jene Nummer", dann kümmere ich mich drum, dass wir was zustande bekommen. Selbst für die Roppmaschin würde sich eine Lösung finden.

Gesungen würde - wie eigentlich immer zuletzt bei uns - nach Halbplayback, das ich Ihnen liefern würde.

Um die Sache abzukürzen:

Ja, man wollte uns mit unserer „*Roppmaschin*" tatsächlich noch einmal einsetzen. Aber was ich befürchtet hatte, wurde zur Tatsache: Sowohl Holger M. als auch mein Drummer Matthias Winzenhörlein waren an diesem Tag besetzt. Einen anderen Titel wollte Torsten Hoensch nicht haben. Also sagte ich ab und „*Hessen lacht*" musste ohne uns stattfinden. Wer weiß, für was es gut war. Vielleicht hätte ich die Aufzeichnung in der Glut der Studioscheinwerfer gar nicht durchgestanden. Ein weiteres Mal für "*Hessen lacht*" bewerben werde ich mich (*voraussichtlich*) nicht mehr.

Meinen "*Burka-Song*" nahm auch noch ein Typ namens Schrödel Jan auf, den Marco Hisserich produzierte. Man wollte alles etwas moderner machen, aber was herauskam, war Schrott. Und der Knabe selbst ein arroganter Fatzke, der, als ich ihn in einem Festzelt in Flensungen kennen lernte, einen auf großer Star machte, obwohl er nicht einmal ein kleiner war.

Für Metzi, einen meiner Sänger von "*Nachschlag*", schrieb ich den Titel "*Ich will kein Foto von dir*", sozusagen als Antwort auf Micky Krauses "*Schatzi, schenk mir ein Foto*". Wurde eine ganz nette Aufnahme, aber leider auch kein Hit.

Dafür kratzte das AudM-Lied "*Quellkartoffel un Dupp Dupp*" 2017 bei youtube an der 700.000 Klicks Marke. Als ich das jetzt, im November 2018 schreibe, waren es 778.000 Klicks. Und ich verdiene keinen Cent daran. Die gleichnamige Ballermann-Aufnahme von Icke Hüftgold lag heute bei ca. 250.000 Klicks.

Ich reiste auch 2017 wieder herum und besuchte Veranstaltungen und Künstlertreffs in Flensungen, Rodgau, Rüsselsheim u.a.m. Ich wurde überall sehr freundlich empfangen und traf eine Menge netter Leute. Hier eine kleine Auswahl der interessantesten. *(wobei die anderen natürlich auch interessant waren, nur kriege ich sie hier nicht alle unter, sonst werd´s Buch zu dick)*

in Rollwald bei Harry Bauer mit (von links)
Lutz Adam, Dieter Adam, Küddy

mit Marc Laenders

mit René (Renate) von Gerdas kleiner Weltbühne

**mit Ciro Visone und Luis Berger beim
Künstlertreff in Rüsselsheim**

**mit (v. lks.) Lutz Adam, ich, Silvia Stern, Küddy
u. Fred Weidler. Davor kniet Veiko, den man
überall trifft, wo was los ist**

mit lädierter Nase bei Holger M. auf der Damensitzung
in Bernem, die wir früher mit den Micky´s gespielt
hatten

Luis Berger singt in Rüsselsheim mein Lied
"*Mein Bub*" für mich

Was mich auch brennend interessierte, war das Theatral-lalla meines neuen Freundes Thomas Bäppler-Wolf, kurz Bäppi. Also besuchte ich ihn dort zu seiner Show *"Hessisch für Anfänger"* - und traf auf lauter alte Bekannte. Nicht Personen, nein, Lieder von mir, die Bäppi fast ausschließlich zwischen seinen köstlichen Moderationen sang.

Bäppi kreierte auch eine Art Nachfolgesendung für den *"Blauen Bock"*, die sich *"Lieber blau als gar kein Bock"* nannte und für youtube aufgezeichnet wurde. Dafür schrieb ich die Erkennungsmelodie mit dem gleichnamigen Titel. Bäppi moderierte die Veranstaltung als Lia *(Wöhr)* in verschiedenen Äppelwoikneipen Frankfurts und immer war außer der Erkennungsmelodie immer mindestens ein weiteres Lied von mir dabei. Zu Beginn der Sendung grundsätzlich *"Beim Bembelwert, beim Bembelwert, da trifft sich die Familie..."*

Das *Heddemer Dreigestirn,* eine bekannte Fastnachtsformation aus Frankfurt und kürzlich bei Dieter Bohlen im *Supertalent* zu sehen, wollte ein Lied von mir geschrieben haben. Ich erdachte *"Prost ihr Säcke, Prost du Sack"* - aber das Dreigestirn meldete sich nicht mehr. Da bot ich's wieder über facebook an, und wer schrie sofort "HIER!" Natürlich der/die Bäppi!

> **"Prost, ihr Säcke - Prost, du Sack!**
> **Hoch die Ärsche - zack zack zack!**
> **Party pur, die Hütte brennt,**
> **uff die Stühl un hoch die Händ!"**

261

Es wurde sein Fassenachtsknaller in der Saison 2017/18.

2017 teilte mir der neue Inhaber des Mundartverlages Naumann, bei dem meine beiden erfolgreichen Bücher *"Verzähl mer was"* und das *"Hessische Adventskalennerbuch"* verlegt waren, mit, dass nicht daran gedacht war, eine Neuauflage des Weihnachtsbuches in Auftrag zu geben. Da ließ ich mir schnell meine Rechte zurück übertragen und beschloss, diese Neuauflage in bewährter Weise als *book on demand* selbst in die Hand zu nehmen.

Beim Bearbeiten des Buches dachte ich, es wäre doch toll, aus diesem Ding eine Art Hörbuch zu machen; also die Lieder - wie bei *"Nachschlag"* - singen lassen und einen Teil der Geschichten und Gedichte vorlesen. Und dabei könnten sogar Frauen mitwirken.

Nun gab es aber leider nicht so viele verwertbare Lieder in dem vorhandenen Buch. Also schrieb ich etliche neue. Weil ich aber auf keine der Geschichten und auf keins der Gedichte verzichten wollte, ergänzte ich das Buch durch einen Anhang, in dem ich alles unterbrachte, was in das Buch hinein sollte. Und ich gab ihm auch - angelehnt an den alten - einen neuen Namen.

Diesmal wusste ich genau, wen ich bei meiner Weihnachts-CD dabei haben wollte. Ich schrieb sie alle an und erzählte, was ich mir ausgedacht hatte. Und alle wollten mitmachen. Sogar Leute, bei denen ich Bedenken gehabt hatte, sie für meine Idee begeistern zu gönnen. Denn eine Gage war ja nicht zu erwarten.

Nun ging´s an die Playbacks. Da ich bei meinen Songs zwei Lieder mit einem weihnachtlichen Text versehen hatte, die urheberrechtlich geschützt waren, schrieb ich an deren Verleger. Es waren dies die Lieder *"Tränen lügen nicht"* und *"Marys Boychild"* von *Boney M.* Auf die Antwort des Verlages warte ich heute noch. Also beschloss ich, wie bei *"My Way"*, eine eigene Melodie zu komponieren, die der eigentlichen ähnlich, aber trotzdem eigenständig war. Ich glaube, das ist mir ganz gut gelungen.

Hessisches Atzventzkalennerbichelche

Für die Lesungen nahm ich Medleys bekannter Weihnachtslieder auf, mit denen der gesprochene Text später leise unterlegt werden sollte. Und dann ging´s ins Studio. Das heißt: Eigentlich ging es sogar in zwei Studios.

Weil wir im Sommer aufnehmen wollten und Marco Hisserich noch mit seiner Familie in Urlaub weilte, wandte ich mich, um fertig zu werden, an den Musiker Bäppis, Gabriel Groh, der in Neu Isenburg ein kleines Studio hatte. Auch der war sofort dabei. Und während draußen die Sonne vom Himmel brannte, machten wir die ersten Aufnahmen, in denen von Eis, Schnee, Schlitten fahren und heißen Getränken die Rede war.

Holger M. (Metschan) singt im Studio von Gabriel Groh in Iseborsch bei 30° im Schatten vom "Weißen Winterwald" und dass "Schlitte fahrn" schee wär

7 Engel für Dieter im Studio bei Marco - und selbst der Obba denkt: "Da war doch mal was???"

Was wir bei Gabriel nicht in den Kasten brachten, vollendeten wir dann in Flensungen im Melody Records Studio von Marco Hisserich, als der aus dem Urlaub zurück war.

Und das ist der Ablauf der fertigen CD:

01 Ave Maria von Bach / Gounod - instrumental
DIETER ADAM (Chef der ehemaligen Mundartband "Adam und die Micky´s"

02 Im weiße Winterwald (*Winter Wonderland*)
HOLGER M. - bekannter Alleinunterhalter, der an Fassenacht die Säle in Hanau und Umgebung rockt

03 Selbst ist der Mann - (*winterliches Gedicht***)**
untermalt mit Medley O Tannenbaum / O du fröhliche / Adeste fideles
HEINZ GÜNTER HEYGEN - Moderator bei hr4

04 Schlidde fahrn (*Jingle Bells*)
HOLGER M.

05 Schlittschuh laufe (*Wintergeschichte*)
untermalt vom Walzer "Schlittschuhläufer" von Emile Waldteufel
CORINNA KUHN - bekannt als "die Dolle" aus der hess. Fassenacht und auch als Moderatorin bei Damensitzungen heißbegehrt und unübertroffen

06 Samstags uffem Woihnachtsmackt (*Lied*)
MANFRED GÄRTNER - bekannter Komponist, Texter und Arrangeur eigener Musik

07 Woihnachtsmarkt *(Gedicht)*
untermalt mit Medley Kling Glöckchen / Alle Jahre
wieder / Fröhliche Weihnacht überall
HOLGER M.

die Mitwirkenden

08 Morgen kommt der Nikolaus *(Lied)*
BÄPPI LA BELLE - bekannter Travestie-Künstler aus Frankfurt mit eigenem Theater und so ganz nebenbei Stadtverordneter der SPD

09 Winderspaziergang *(Gedicht)*
untermalt vom Medley Leise rieselt der Schnee / Schnee-glöckchen, weiß Röckchen / Aber heidschi bum beidschi GUNTER RAUPACH - bekannter Karnevalist aus dem Frankfurter - Wiesbadener - Mannheimer Karneval

10 Lasst uns froh und munter sein *(Lied)*
HARRY BAUER - bekannter Moderator und Sänger

11 Die Woihnachtsgans *(Gedicht)*
*untermalt von "Heile, heile Gänsje"
INGO LÜCKE - bekannter und beliebter Moderator bei hr 4, jetzt allerdings im (Un-)Ruhestand*

12 Packe kann ich net *(Lied)*
METZI - bekannter Sänger und Entertainer, der keine Bänke und Tische scheut und schon in verschiede-nen TV-Sendungen zu sehen war

13 Mamma´s merkwürdiger Woihnachtswunsch
*(eine wenig weihnachtliche Weihnachtsgeschichte)
untermalt von "Transeamus usque Bethlehem"
BÄPPI LA BELLE*

14 Die Mary hat e Kind gekrischt *(Lied)*
7 ENGEL FÜR DIETER - eine Gesangsgruppe aus der Weiberfastnacht Karben

15 Die Maus von Bethlehem

(die etwas andere Weihnachtsgeschichte)
untermalt von "Stille Nacht, Heilige Nacht"
CATHRIN BOUCSEIN - bekannt geworden ist die
Tochter von Dieter Adam, als sie zusammen mit
ihrem Vater als 5jährige beim Titel "Macht die Welt
net kaputt sang

16 Woihnachte bei uns dehaam *(Lied)*

OTTO REUSS - Alleinunterhalter, Moderator, Enter-
tainer, Sänger, Gitarrenlehrer, Techniker der Gruppe
"Arabesque", Ruheständler mit Hobby Helikopter

17 White Christmas *(instrumental)*

DIETER ADAM

Auch in der Presse hatten wir wieder ein freundliches Echo. Weil das Blabla um den stummen Dieter Adam ähnlich war wie bei der "Nachschlag"-CD, muss ich es hier nicht noch einmal wiederholen. Ich beschränke mich deshalb auf zwei Berichte, weil beide Zeitungen bei "Nachschlag" nicht dabei waren. Wobei der zweite *(eigentlich sogar zwei)* für mich völlig überraschend kam, weil diese Zeitung(en) noch nie irgendein Interesse an mir oder meinen Micky´s gezeigt hatte(n). Aber davon später. Jetzt erst einmal der Artikel in der Wetterauer/ Karbener Ausgabe der NEUEN PRESSE. Ich nehme sogar den eingescannten Originalbericht und hoffe, man kann´s einigermaßen lesen. Ansonsten:

Auch wenn die Stimme versagt

Karben Sänger Dieter Adam bringt neue CD heraus

„Weihnachten im Hessenland" heißt die neue CD von Dieter Adam. Freunde singen und lesen für ihn. Konzept, Playbacks, Texte, Musik und Bearbeitungen sind von dem Karbener Künstler, der nach einer Operation nicht mehr selbst singen kann.

VON CHRISTINE FAUERBACH

Seine Stimmungshits wie „Kriech ich en Wein", „Im Wagen vor mir fährt so' n ahle Simpel" oder die von Fassenachtern sozusagen zur inoffiziellen hessischen Nationalhymne erkorene „Runkelroiweroppmaschin" sind legendär. Seine Kreativität und Schaffenskraft sind trotz seiner Kehlkopf-OP vor drei Jahren ungebrochen. Dieter Adam ist ein großer Kämpfer und anerkannter Künstler, den viele live erlebt, im Radio gehört haben oder aus dem Fernsehen kannten.

Fans und Freunde haben ihn trotz seines gesundheitsbedingten Verstummens nicht vergessen. Überregional bekannt ist der vor 76 Jahren in Hanau geborene Sänger, Musiker, Komponist, Bandleader und inzwischen auch fleißige Autor vor allem als Chef der Tanzkapelle Adam & die Micky's.

Zwei Dutzend Geschichten

Die Band feierte 2009 mit einem großen Fantreffen in Karben ihr 40-jähriges Bühnenjubiläum. Jetzt meldet sich Dieter Adam mit zwei Veröffentlichungen zurück. Einmal mit der im Eigenverlag herausgebrachten Neuauflage vom „Hessisches Atzventzkalennerbichelche"

Dieter Adam zeigt seine neue CD. Foto: Christine Fauerbach

und zum Zweiten mit der neuen CD „Weihnachten im Hessenland".

Im Buch finden Leser 24 heitere und besinnliche Geschichten, Gedichte und Lieder zur Advents- und Weihnachtszeit sowie einen neuen Anhang mit weiteren Liedern. Diese sind, um es mit den Worten des Autors zu sagen: mal heiter und besinnlich, aber auch deftig und geradeaus, „halt aafach rischdisch hessisch". Das aktualisierte Adventskalenderbuch punktet mit neuen Illustrationen, teils auch Texten und einem Liederanhang.

Die vergnüglichen Texte drehen sich um Advent, Nikolaus und Weihnachten wie „De Dannebaam" oder „Woih-nachde bei uns Dehaam", aber auch um „Einen fernsehfreien Abend", „Eine Stauberaterin" oder „Die grau Maus". Die CD „Weihnachten im Hessenland"

und das Konzept-Buch sind praktisch das Hörbuch zum Adventskalender-Buch, informiert Dieter Adam. Und zugleich die Fortsetzung des bereits erfolgreich angewandten Konzeptes, der 2016 produzierten CD „Nachschlag".

Bekannte Melodien

Da liehen Adam bereits für 18 Lieder Freunde ihre Stimmen. Zu den Freunden des Künstlers auf der neuen CD gehören beispielsweise wieder Thomas Bäppler-Wolf, der das Lied „Morgen kommt der Nikolaus" und das Gedicht „Mammas merkwürdischer Woihnachtswunsch" interpretiert oder HR4-Moderator Heinz Günter Heygen mit dem winterlichen Gedicht „Selbst ist der Mann".

Die Frankfurter Büttenrednerin Corinna Kuhn in Frankfurt und Umgebung bekannt durch ihre Paraderolle „Die Dolle" liest die Wintergeschichte „Schlittschuh laafe" und die Gesangsgruppe aus der Weiberfastnacht Karben „7 Engel für Dieter" sein Lied „Die Mary hat e Kind gekrischt". Die stimmgewaltigen Frauen sind Sängerin, Musikerin und Comedians Sandra Mühlfeld, Daniele Suppes, Silke Widmann, Lisa Brunotte, Vanessa Seipel, Nadine Reusswig und Alisa Zeiler. Alle Beiträge sind mit bekannten Melodien, traditionellen Liedern oder Eigenkompositionen von Dieter Adam unterlegt.

➤ Infos im Internet
Informationen zur CD und allen anderen Publikationen gibt es unter der Adresse www.musikadam.de.

Der für mich völlig überraschende Zeitungsbericht erschien im Dezember in der FRANKENBERGER ALLGEMEINEN und in der OBERHESSISCHEN PRESSE. Weil dies aber erst durch unseren Interview-Termin bei hr4 ausgelöst wurde, stelle ich das erstmal zurück.

DIETER ADAM´S
(Adam & die Micky´s)

Weihnachten im Hessenland

Foto: Reinhard Paul

Lieder, Gedichte und Geschichten aus dem „Hessischen Atzventzkalennerbichelche"

Das fertige Produkt

Mitte Oktober hatte ich einen Termin im Klinikum *Mutterhaus der Borromäerinnen* in Trier, wo der Chefarzt der HNO-Abteilung versuchen wollte, mir innerhalb des Tracheostomabereiches eine winzige Fistel zu schließen, die von den vergeblichen Versuchen der HNO Marburg herrührte, mir ein Sprachventil *(Provox)* einzusetzen. Den Ärzten der Marburger Klinik war das bis jetzt nicht gelungen, weshalb ich eine geblockte Kanüle tragen musste und auch nicht essen und trinken konnte. Der Trierer Arzt wollte das nun mit einer neuen Methode ändern und mir dadurch zu einem neuen Lebensgefühl verhelfen. Der Versuch misslang und alles blieb beim Alten.

Allerdings hatte die Triergeschichte auch eine positive Seite. Es gab da nämlich eine Frau namens Gisela Gruber bei *facebook*, die mir immer wieder Mut zusprach und mich tröstete, als es in die Hosen gegangen war. Die rief ich sogar mal an und redete mittels Sprachcomputer am Telefon mit ihr. Ihre Stimme gefiel mir, und ich beschloss, mir dieses Frankfurter Mädchen mal in natura anzusehen. Ohne jeden Hintergedanken, mir eventuell eine neue Frau zuzulegen. Das hatte ich mir krankheitsbedingt schon lange abgeschminkt.

Dazu kam, dass diese Gisela vom Profilbild bei facebook her überhaupt nicht in mein bisheriges Jagdschema passte. Trotzdem fuhr ich am 22. Oktober 2017 nach Frankfurt, sah sie - und es machte "Klick". Seitdem sind wir zusammen und werden es - so Gott oder wer auch immer will - bis ans Ende meiner Tage bleiben, von denen mir hoffentlich trotz meiner Krankheit noch ein paar (*oder auch mehr*) vergönnt sind.

**meine Gisi und ich bei einer Bootsfahrt über
den Plansee im Sommer 2018**

Am 4. Dezember durften wir wieder in der Sendung *"Gude, Servus und Hallo"* bei hr4 in Kassel antanzen und unsere neue CD *"Weihnachten im Hessenland"* vorstellen. Mit von der Partie waren diesmal Manfred Gärtner, Holger M(etschan) und der Metzi. Moderator war wieder Hermann Hilllebrand.

bei hr4 in Kassel mit (von links) Holger M., ich, Hermann Hillebrand, Manfred Gärtner und Metzi

im Studio - die Sendung läuft

Es wurde auch diesmal wieder eine schöne Sendung, bei der wir alle viel Spaß hatten. Ich hatte wieder meinen Sprachcomputer programmiert, um ein paar warme Worte an die

Hörer verlieren zu können. Zum Schluss verabschiedete ich mich, weil dies vermutlich die letzte Sendung gewesen war, die ich bei hr4 absolvierte. Es war nicht nur *meine* letzte, es war auch eine der letzten von "*Gude, Servus und Hallo*". Die Sendung wurde bald danach aus dem Programm genommen und durch eine Sendung, die sich *Tanzparty* nennt, ersetzt.

Kurz nach dieser wunderbaren Sendung bekam ich eine E-Mail von einer gewissen Michaela Pflug, die sich als Reporterin der Redaktion Frankenberg der FRANKENBERG ALLGEMEINEN, zuständig für den Bereich Gemünden, vorstellte. Sie hätte im Radio von meinem Schicksal und der neuen CD gehört und möchte gern einen Bericht darüber bringen. Ob ich etwas dagegen hätte.

Ich wunderte mich ein bisschen, weil man hier oben - wie gesagt - noch nie irgendein Interesse an mir und meiner Band gezeigt hatte, und vereinbarte einen Interview-Termin mit ihr. Und das kam dabei heraus. *(der Bericht in Ausschnitten)*

Der stumme Barde spielt weiter
Musiker Dieter Adam hat eine neue CD mit dem Titel "Weihnachten im Hessenland" herausgebracht

GEMÜNDEN. Dieter Adam ist Musiker mit Leib und Seele. Über 40 Jahre lang war er Sänger und Pianist der Band "Adam und die Micky's". Gerade ist seine neue CD "Weihnachten im Hessenland" erschienen. Allerdings sucht man ihn vergeblich als Interpret auf dem neuen Werk. Denn nach einer Operation ist der Gemündener verstummt. "Ich kann nie wieder essen, trinken oder sprechen", erklärt er mithilfe eines Sprachcomputers. Davon lässt er sich aber nicht aufhalten.

Er komponiert, schreibt und produziert, den Gesang und das Vorlesen der Gedichte übernehmen auf der neuen CD andere für ihn. Zum Beispiel hr4-Moderator Heinz-Günter Heygen,

Karnevals-Urgestein Corinna Kuhn alias Die Dolle und Thomas Bäppler-Wolf alias Bäppi. Viele der Lieder und Gedichte sind auf Hessisch. Auch das bekannteste Lied der Band "Die Runkelroiweroppmaschin" setzt dem Südhessen ein Denkmal und wurde von den Zuschauern des HR 2008 sogar zum beliebtesten hessischen Fastnachtslied gewählt.

- - - (es folgt das übliche Blabla über meinen Werdegang und was ich in meinem Leben alles gemacht habe. Dann:)

Doch die Musik blieb seine große Liebe. Über 30 Alben nahm er allein mit "Adam und die Micky´s" auf. 2012 folgte dann die Hiobsbotschaft: Bei Dieter Adam wurde ein Tumor auf den Stimmbändern entdeckt. Der konnte weggelasert werden, doch die Gesangsstimme war danach nur noch bedingt vorhanden. So hatte die Band an Fastnacht 2013 ihren letzten Auftritt. Endgültig verlor Adam seine Stimme, als bei ihm Kehlkopfkrebs diagnostiziert und operiert wurde.

"Hier entstehen seine Ideen: Dieter Adam an seinem Keyboard im heimischen Wohnzimmer. Drei Monate lang hat er an seiner neuen Platte gearbeitet, erst Zuhause, dann in einem Tonstudio in Mücke-Flensungen. Gesungen und gelesen haben andere für den 76-jährigen"

"2014 war ich praktisch tot." Die Prognose sei schlecht gewesen. "Aber ich wollte nicht sterben." Stattdessen schrieb er wieder mehr Bücher. Zum Beispiel das Begleitwerk zur neuen CD, eine überarbeitete Version seines "Hessischen Atzventzkalennerbichelche" und seine Biografie "So war´s - oder so ähnlich". Die Verkaufsstellen seiner Bücher und CDs findet man auf *www.musikadam.de*

In der OBERHESISCHEN PRESSE erschien ein fast identischer Artikel von der gleichen Autorin. Nur die Schlagzeíle war etwas anders:

"2014 war ich praktisch tot"
Dieter Adam macht trotz Kehlkopfkrebs weiter Musik - "Runkelroiweroppmaschin" ist bekanntestes Stück

Diese beiden Zeitungsberichte hatten ungeahnte Folgen; denn unmittelbar danach schrieb mir eine gewisse Nina Schmidt vom hrFernsehen, die "*Hessenschau*" würde gern einen Bericht über mich in ihrer Sendung *Maintower* bringen. Wann man denn zu den Aufnahmen bei mir erscheinen könne und ob ich jemand, der reden könnte und Bescheid wüsste, zur Unterstützung hätte?

Ich dachte sofort an meine Tochter Cathrin, die ja ganz bei mir in der Nähe wohnt, und setzte mich mit ihr in Verbindung. Dann machten wir einen Termin mit Frau Schmidt aus und harrten der Dinge, die da auf uns zukommen sollte.

Das Fernsehteam erschien zum vereinbarten Termin - Nina Schmidt, ein Kameramann und einer für den Ton - und entpuppten sich als sehr nette Zeitgenossen. Sie turnten etwa drei Stunden um mich und Cathrin herum, filmten alles, was ihnen sehenswert erschien und führten Interviews mit uns. Aus den drei Stunden wurde dann ein Bericht von etwa fünf

Minuten. Aber immerhin! Ich war wieder mal im Fernsehen!

Tja, das war's dann eigentlich. ADAM UND DIE MICKY'S und der Alleinunterhalter Dieter Adam sind nur noch Geschichte. An eine Rückkehr auf die Bühne ist unter den gegebenen Umständen kaum zu denken.

Oder vielleicht doch?

Da war nämlich der 83. Geburtstag von Gisis Mutter im Juni 2018. Der sollte im Café Gruber in Frankfurt mit etwa 80 Gästen groß gefeiert werden. Auch Bäppi wurde mit einem Soloprogramm engagiert. Aber wie wird das mit seiner Begleitung? Über welche Anlage singt er? Was ist mit seinen Playbacks? Wie spielen wir die ab und womit?

Irgendwann entstand die Idee, dass ich ihn ja mit meinem Keyboard begleiten könne, weil er eh nur Lieder von mir sang. Und wenn die Orschel schon mal in Frankfurt stünde, könnte ich ja auch noch ein bisschen Instrumentalmusik machen.

Gutmütig, wie ich nun mal bin, ließ ich mich darauf ein. In den nächsten Tagen begann ich auf Teufel komm raus zu üben, dass die freundliche Dame über mir vor Wut die Türen schmiss. Ich sortierte und schrieb Noten, stellte neue Medleys bekannter Songs zusammen und bereitete mich vor, als hätte ich einen Auftritt bei *Wetten dass*.

Einen Tag vor Omas Geburtstag baute ich meine Tyros im Wohnzimmer ab, beförderte das schwere Ding mittels Sackkarren ins Auto und fuhr damit runter nach Frankfurt, wo es im Café Gruber wieder aufgebaut wurde. Am nächsten Morgen schaltete ich es ein und spielte, um mich warm zu machen, ein bisschen. Zehn Stunden später spielte ich immer noch, die Leute und auch ich hatten unseren Spaß und Bäppi hatte, ohne einmal mit mir geübt zu haben, die perfekte Begleitung bei seinem Auftritt.

"Du, daraus sollten wir ein abendfüllendes Programm machen", meinte er nach seiner kleine Show begeistert. "Was hältst du davon?"

Bäppi und Adam - hessisch in Vollendung

Das wusste ich nicht so recht und stellte es bei facebook zur Diskussion. Es meldeten sich aus dem Stand über 300 Leute, die das interessieren würde. Und dann noch die Micky's dabei! Erinnerungen an unser 1. Fantreffen in Karben wurden wach.

Und da war ja auch noch die Tatsache, dass Adam und die Micky's im Jahre 2019 FÜNFZIG geworden wären, wenn es sie denn noch gäbe, weil ihre erste Schallplatte *"PAPA"* im Jahre 1969 erschienen war.

Ich weiß nicht, was wird, als ich diese Zeilen schreibe. Geplant habe ich neben diesem Buch lediglich eine Doppel-CD unter dem Motto 50 JAHRE - 50 LIEDER - 50 SÄNGER/-INNEN. Auch hier musste facebook wieder herhalten. Im Nu hatte ich 50 Sänger und Sängerinnen zusammen, die bei meinem Projekt mitmachen wollten. Ein paar sitzen sogar noch auf der Ersatzbank, falls der eine oder andere wegfällt.

(weil er/sie gar nicht singen kann) Jetzt muss ich die Idee nur noch in die Tat umsetzen. Eine Heidenarbeit.
Schau´n mer mal, was wird - - -

? ? ?

E N D E

Alle Singles

1969: Papa / Aber heidschi-bum-beidschi, wie dumm
1969: Das nackische Lorchen / John Brown's Vadder
1969: Heut' ist wieder Hauskonzert / Oh häppy Day, Pappa
1970: Adams Mexico-Ballade / Aber die Oma die rollt
1971: Rabbedap-dap / Wilma (zieh dein Maxi aa)
1971: Butterweich / Schlaf mein Böbbchen, schlaf ein
1971: Oh, Mamma blau / Äppelwein-Durchmarsch
1972: Hau net so nei / Mei Fraa, die steht im Fußballtor
1973: Rippe di knoll / Wenn du hochkommst
1973: Ebe langt's ojemine / Kätche komm ins Bettche
1973: Er ist sauer uff all sei Fans / Adelaide
1974: Mit dem Fahrrad durch den Odenwald / Unser Auto fährt
   mit Äppelwoi
1974: Heini, wir fahr'n nach Bonn / Wasserkopp
1974: Alles ist vergänglich... / Wo ist das Ding?
1975: Mei Mamache (Hessisches Mutterlied) / Papa ach Papa
   komm sag mir den Grund
1975: Rosamunde, schenk mir dein Sparkassenbuch /
   Mädchen aus Hessen
1975: Die große Hitparaden-Parodie
1976: Rosi Rosi Rosi / Mein Papa sitzt im Bundestag
1976: Aber als uff die Klaane / Das kleine Häuschen
1977: Ich mach' die nächst' Woch' zur Alice / Ein Junge vom
   Land
1978: Warum nimmst du nicht endlich die Pill / Die Gaas
1978: Im Wagen vor mir ... fährt so'n alte Simpel / Oh weh -
   die Oma backt uns heut e Pizza
1979: Was wird sein... fragt der Papa / E Fraa am Steuer
1979: Das Herz von Frankfurt / Ich hab' so Heimweh nach
   Sachsenhausen
1981: Tante Maria / Das macht der Stress
1982: Macht die Welt net kaputt / Mer derf garnet soviel denke
1986: Das Starkstromlied / Hallo Mr. Flick

1990: Uwe, Uwe, Uwe (Brabbel-Version)
1990: Die Runkelroiweroppmaschin / Der Schorsch aus
Krotzeborsch

Alle Langspielplatten (DLP = Doppel-LP)

1969: Oh, häppy Day, Pappa
1970: Uwe, Uwe schrie der Pappa
1971: Schnappschüsse fürs Familienalbum (DLP)
1972: Vaddertag
1972: Schnappschüsse aus dem Urlaub (DLP)
1973: Wir sind schon bald erwachse
1973: Oh häppy Day, Pappa / Uwe, Uwe schrie der Pappa
(DLP)
1974: Hurra, die Hesse die sind da! (DLP)
1975: Die große Hitparaden-Parodie (DLP)
1976: Das Beste von Adam und den Micky's (DLP)
1978: Mischmasch (DLP)
1979: Ich möcht' so gern den Adam hör'n (DLP)
1982: Babbel-Konzert (DLP)
1983: ...uffs Maul geguggt
1986: Rauh, aber herzlich
1988: Zwanzig Jahre und kein bisschen leiser (DLP)
1990: Die Runkelroiweroppmaschin

Alle CDs

1990: Die Runkelroiweroppmaschin
1990: Querbeet 1
1990: Querbeet 2
1990: Ich maach dich
1995: Rambazamba in de Pampa
1998: Qeerbeet 3
1998: Chilli con Sauerkraut

2000: Adam lacht zur Fassenacht
2000: Husch, husch, husch (Die Bimmelbahn)
2001: Kuschel-Adam
2005: Querbeet 4 plus vier
2007: Ballerknaller für Hessen Folge 1
2007: Ballerknaller für Hessen Folge 2
2009: Die größten Erfolge - 40 Jahre Adam und die Micky's
2016: Nachschlag - Freunde singen Adam-Lieder
2017: Weihnachten im Hessenland

die Autogrammkarte zum 45. Jubiläum

INHALT

Ein Prosit für Adam und die Micky 's

Ein Muss für alle Micky-Fans

Dieter Adam, Chef der inzwischen aus Krankheitsgründen zwangspensionierten hessischen Kultgruppe *Adam und die Micky´s* stellte in diesem einzigartigen Buch einen Großteil der meist von ihm selbst geschriebenen oder mitverfassten Liedtexte seiner Mundartgruppe zusammen. Bebildert ist das Buch mit Karikaturen von den Platten-Cover, Kopien der Original-Cover der Singles sowie zahlreichen Fotos aus dem Familienalbum

ISBN: 978-3-7375-7053-4

bei amazon und überall, wo's Bücher gibt

Geh zum Teufel, mein Engel

Ein heiterer Roman aus Hessen
von Dieter Adam

Als das Autorenteam Tim Küppers und Tobias Wunderlich ein neues Musical in Angriff nehmen will, gehen ihre Frauen, um die Männer nicht bei ihrer Arbeit zu stören, auf Weltreise und lassen die Herren allein mit Haushalt und Kindern. Und schon hält das Chaos bei ihnen Einzug. Eine heitere Geschichte aus Hessen, in der ein Gag den nächsten jagt. Aber das kennt man ja von den über 300 Liedern des Autos, die er mit seinen Micky´s in über 40 Jahren herausgebracht hat.

ISBN: 9 783743 115620

erhältlich bei amazon und überall, wo es Bücher gibt